**rowohlts monographien
begründet von Kurt Kusenberg
herausgegeben
von Klaus Schröter**

Raymond Chandler

**mit Selbstzeugnissen
und Bilddokumenten
dargestellt von
Thomas Degering**

Rowohlt

Dieser Band wurde eigens für «rowohlts monographien» geschrieben
Den Anhang besorgte der Autor
Herausgeber: Klaus Schröter
Mitarbeit: Uwe Naumann
Assistenz: Erika Ahlers
Schlußredaktion: K. A. Eberle
Umschlagentwurf: Werner Rebhuhn
Vorderseite: 1945 (Foto Associated Press)
Rückseite: Humphrey Bogart als Marlowe in «The Big Sleep», 1946
(Stiftung Deutsche Kinemathek)

Veröffentlicht im Rowohlt Taschenbuch Verlag GmbH,
Reinbek bei Hamburg, August 1989
Copyright © 1989 by Rowohlt Taschenbuch Verlag GmbH,
Reinbek bei Hamburg
Alle Rechte an dieser Ausgabe vorbehalten
Satz Times (Linotron 202)
Gesamtherstellung Clausen & Bosse, Leck
Printed in Germany
1080-ISBN 3 499 50377 8

Inhalt

«Einen Zauber aus Worten zu schaffen...»
Nur ein guter Kriminal-
schriftsteller oder ein ‹ernster› Romancier?

Vielleicht werden wir alle so in der kalten, halbdunklen Welt,
wo immer das Falsche passiert und nie das Richtige.

Marlowe

«Keine bösen Gefühle deswegen, hoffe ich.»
«Überhaupt keine Gefühle, Captain. Überhaupt keine.»
Sie sahen mir nach, bis ich aus der Tür war, und sagten nicht gute Nacht. Ich ging den langen Korridor zum Ausgang Hill Street hinunter, stieg in meinen Wagen und fuhr heim.
Keine Gefühle war genau richtig. Ich war so hohl und leer wie die Räume zwischen den Sternen. Als ich heimkam, mixte ich mir einen Steifen und trat damit ans Wohnzimmerfenster... und lauschte der Grunddünung des Verkehrs auf dem Laurel Canyon Boulevard und betrachtete die Lichter der großen, bösen Stadt, die sich an den Hängen der Hügel hinzog, durch die man den Boulevard geschnitten hatte. In der Ferne stieg und fiel das geisterhafte Klagen der Polizei- oder Feuerwehr-Sirenen; nie war es lange ganz still. Vierundzwanzig Stunden am Tag läuft jemand davon, vierundzwanzig Stunden am Tag läuft jemand hinter ihm her, um ihn zu fangen. Da draußen in der Nacht der tausend Verbrechen starben Menschen, wurden verstümmelt, von fliegendem Glas zerschnitten, vom Steuerrad zerquetscht oder von schweren Reifen. Menschen wurden zusammengeschlagen, ausgeraubt, gewürgt, vergewaltigt und ermordet. Menschen waren hungrig, krank, gelangweilt, verzweifelt vor Einsamkeit oder Reue und Angst, waren zornig, grausam, fiebernd erregt, von Schluchzen geschüttelt. Eine Stadt, nicht schlimmer als andere... eine Stadt, verloren und verlassen und voller Leere.[1]*

Es ist fraglich, ob ein Leser, der bisher noch nie mit dem Werk Raymond Chandlers konfrontiert wurde, diesen Abschnitt aus *Der lange Abschied* (*The Long Goodbye*) ohne weiteres als Textpassage eines Kriminalromans identifizieren würde. Vielmehr dürfte er nach Inhalt wie Stil Chandlers Prosa erst einmal grundsätzlich, gleichsam aus gattungsneutra-

---

* Die hochgestellten Ziffern verweisen auf die Anmerkungen S. 126 f.

Raymond Chandler, 1945

lem Blickwinkel, als ‹ernste›, ‹hohe› Literatur einstufen; und selbstverständlich wird er den Autor des Textes für einen Romancier von Rang erklären.

Unter der Etikettierung «Krimi-Autor» hat Raymond Chandler zeitlebens gelitten. Die ihm zuteil gewordene Anerkennung, als solcher Erhebliches geleistet zu haben, empfand er wie eine Disqualifikation, und er fühlte sich gründlich mißverstanden, wenn die meisten Kritiker seine Bücher lediglich für überdurchschnittlich gute Kriminalromane hielten, nicht aber eigentlich für ‹Literatur›. «Am Ende der vierziger Jahre, zehn Jahre nach Erscheinen seines ersten Romans, war Chandler ein anerkannter Meister auf dem Gebiet des Kriminalromans. Dank hoher literarischer Qualitäten weckte sein Werk die Hoffnung, Chandler werde den Schritt vom Subgenre zur Literatur vollziehen.»[2] Die regelmäßig zum Ausdruck gebrachte Enttäuschung darüber, daß er «am Formtypus des Kriminalromans festgehalten hatte»[3], und die Erwartung, er werde, auf Grund seiner offensichtlichen Fähigkeiten, allmählich endlich «Gesellschaftsromane statt Kriminalromane»[4] vorlegen, befremdeten ihn. Und so konstatierte er mit Genugtuung, daß die offizielle Kritik ihn anders als in Amerika wenigstens in England zunehmend vom Geruch des Krimischreibers befreite, jedoch auch erst gegen Ende seines Lebens und vor allem anläßlich der Veröffentlichung des *Langen Abschied* (1953): *Zum erstenmal in meinem Leben hat man mich als Romancier besprochen, in der Londoner «Sunday Times».*[5] *Hier drüben werde ich nicht als Kriminalschriftsteller angesehen, sondern als amerikanischer Romancier von einiger Bedeutung.*[6] Doch im ganzen gesehen widerfuhr Chandler solche Behandlung nur punktuell. Als er 1959 starb, war zwar «sein Werk durch Übersetzungen in achtzehn Ländern verbreitet»[7], aber «sein Tod [wurde] in der Öffentlichkeit kaum zur Kenntnis genommen»[8].

Raymond Chandlers Haltung gegenüber der verbreiteten zeitgenössischen Fehleinschätzung seines literarischen Status und sein persönliches Verhältnis zur eigenen schriftstellerischen Identität sind nicht frei von Widersprüchen und durchsetzt von einem gewissen Ausmaß an Verunsicherung. Er wehrt sich gegen die gerade in den USA (seiner ungeliebten Heimat) erfahrene relative Disqualifizierung und weist sie souverän zurück: *In diesem Land blickt man auf den Krimiautor als subliterarisch herab, und zwar nur, weil er Krimis schreibt, statt etwa gesellschaftlich bedeutsames Gewäsch*[9]; und seine prinzipielle Erhabenheit darüber scheint unangreifbar zu sein: *Ist das nicht typisch? Mordgeschichten... macht man runter, weil sie, sagt man, im allgemeinen von Leuten geschrieben werden, die nicht gut schreiben können. Und sowie man jemanden findet, dem man zugesteht, daß er gut schreibt, sagt man ihm, er solle keine Mordgeschichten schreiben. Übrigens: Haben Sie in letzter Zeit irgendwel-*

chen guten Mist gelesen?[10] Neben dem spöttisch gewahrten Selbstbewußtsein aber liegt beständig ein Komplex auf der Lauer – der eben, am Ende
doch nur zu sein, was er sein soll, obwohl er gleichzeitig weiß, daß er es
nicht ist. *Ich könnte vielleicht der beste Schriftsteller hier im Lande sein,
und von zwei Ausnahmen abgesehen, bin ich's höchstwahrscheinlich auch,
aber ich bin eben doch bloß Kriminalschriftsteller.*[11] Chandler vermag sich
häufig seines falschen Rufes nicht zu entledigen, und dies geht so weit,
daß er während der Arbeit an seinem fünften Roman *Die kleine Schwester*
(*The Little Sister*) äußert: *... ich werde langsam alt... und ich muß so was
Ähnliches wie ein Buch schreiben, bevor man mich vergessen hat.*[12]

Aus solchen für ihn schwer zu eliminierenden Gefühlen literarischer
Minderwertigkeit heraus hat Chandler sporadisch sein Genre verlassen
und Ausbrüche ins vorgeblich ‹wirklich Poetische› unternommen – her-
ausgekommen sind hierbei aber nur ein paar mißglückte Geschichten wie
beispielsweise die sentimentale bis triviale Romanze *Englischer Sommer*
(*English Summer*) oder die ebenfalls wenig beeindruckenden «phantastischen Erzählungen» *Die Bronzetür* (*The Bronze Door*) und *Professor
Bingos Schnupfpulver* (*Professor Bingo's Snuff*). Jedoch handelt es sich in
diesen Fällen um unwesentliche Abschweifungen innerhalb eines insgesamt einheitlichen, in sich stringenten Œuvres; und Chandler wußte im
Grunde genommen in seinen diesbezüglich klaren Momenten, daß und
warum er mit seinem Hauptwerk, den «Mordgeschichten», ein ‹ernster›
Romancier war – mochte ihm das nun von außen bescheinigt werden oder
nicht.

*Wenn die Leute mein Buch bloß noch so einen Krimi nennen, kann ich's
nicht ändern, aber bei Gott, ich werde das bestimmt nicht selbst tun.*[13] Von
Anfang an (nachahmend, lernend, versuchend in den mehrheitlich zwischen 1933 und 1939 verfaßten Detektivstories, kompromißlos, endgültig
dann in den Romanen ab 1939) ist es Chandlers Absicht, nicht nur die
Kriminalgeschichte auf ein grundlegend neues Niveau zu heben, sondern,
ganz allgemein, ‹Literatur› zu produzieren. Anders ausgedrückt: er will
weniger den Kriminalroman literarisieren als vielmehr ‹normale› Romane schreiben, die nun natürlich (und nicht zufällig) mit wesentlichen
Konstituenten des Kriminalromans arbeiten.

Unter der Prämisse: *Ich betrachte Krimis als literarische Werke, lege
ihnen dieselben Maßstäbe an wie jedem anderen Roman*[14], die ihre Ablei-
tung aus der unwiderlegbaren Überzeugung bezieht: *Wenn ein Buch,
gleich welchen Genres, eine gewisse Intensität der künstlerischen Darstellung erreicht, wird es Literatur*[15], besagt Chandlers Literaturtheorie nämlich in ihrem Kern folgendes: gerade der Kriminalroman, den er sich sehr
bewußt als Betätigungsfeld wählt, ist die besonders geeignete Gattung für
das stets präsente Ziel seiner schriftstellerischen Anstrengung – *das Le-*

ben beschreiben, wie es wirklich vor sich geht[16], darzustellen, *was in der Welt vorgeht*[17]. Die Kriminalstory (unter der Bedingung ihrer künstlerischen Substantialität) wird von ihm nicht zum selbständigen, sich selbst genügenden Zweck erklärt, sondern zum Mittel prononcierter Erfassung gesellschaftlicher Realität. Warum? Die Antwort lautet: ist die Wirklichkeit «der Welt» (in ihrer konkreten amerikanischen Gestalt) in hohem Maße mit krimineller Energie geladen – was sie nach Chandlers Auffassung geradezu definiert –, so hat sie im Kriminal-Roman eine ihr angemessene literarische Heimat. Tatsächlich benutzt Chandler die klassische Mordgeschichte immer nur als Aufhänger; und er versteht sie und setzt sie ein als die vollkommene Metapher mörderischer Verhältnisse. Insofern glaubt er, *daß in die besten dieser Bücher weit mehr Kunst eingeht als in jede beliebige Anzahl dicker Bände voll ausgewalzter Geschichte oder in irgendeinen Kokolores von «gesellschaftlicher Signifikanz»... Und wenn man denn unbedingt «Signifikanz» haben muß... es wäre durchaus möglich, daß die Spannungen in einem Mordroman das einfachste und doch umfassendste Muster der Spannungen darstellen, unter denen wir in dieser unserer Generation leben.*[18]

«Sterben ist nichts Besonderes, Töten ist nichts Besonderes»[19], sagt eine Figur in *Die kleine Schwester*. Sie drückt aus, wie Chandler über die Zustände im Amerika seiner Zeit (speziell im ihn umgebenden Kalifornien) denkt. Er beurteilt diese «Gesellschaft des entfesselten Kapitalismus»[20] illusionslos und kritisch-destruktiv und verachtet sie angewidert. *Komische Sache, die Zivilisation*, schreibt er. *Sie verspricht so viel, und was sie dann liefert, ist eine Massenproduktion schäbiger Waren und schäbiger Leute.*[21] Er stellt fest, daß *in einem Zeitalter, dessen beherrschende Note vulgäre Betriebsamkeit ist und vollkommen skrupelloses Gebalge um den Dollar*[22], *die Brutalisierung der Geschäftsmoral... derart weit fortgeschritten ist*[23], daß praktisch jedermann alles tut, um seine ökonomischen oder auch sonstigen Zwecke zu verwirklichen und dabei selbstverständlich über Leichen geht, falls dies dem subjektiven Wohle dient. *Bloß durchschnittlich korruptes Leben*[24] spielt sich in dieser Gesellschaft und deshalb in Chandlers Romanen ab. Und wenn in ihnen Mord und Totschlag gesellschaftlich-durchschnittliche Basisphänome geworden sind und nicht mehr, wie tendenziell noch bei Dashiell Hammett, Raymond Chandlers literarischem Lehrmeister, auf exklusive Verbrecherkreise beschränkt bleiben, dann aus der Erkenntnis heraus, daß die Gewalt im Leben den Status einer ganz normalen Verkehrsform hat. «So verlagert sich die Gewalttätigkeit bei Chandler aus den Gangsterschlachten, die bei Hammett noch die heroische Phase des Gangstertums während der zwanziger Jahre widerspiegeln, in den weit weniger heroischen Berufsalltag, der die Existenz eines alleinstehenden Privatdetektivs während der

1956

vierziger und fünfziger Jahre ausmacht... Wie die Gangster als etablierte Bürger erscheinen, so erscheint auch die Gewalttätigkeit, die Chandlers Kalifornien charakterisiert, als eine gewissermaßen etablierte Gewalttätigkeit. Diffuser und sublimierter als die rohe Gewalt, welche in Hammetts apokalyptischen Städten tobte, ergreift sie als konstante Aggressivität praktisch jede Szene und durchtränkt alle menschlichen Beziehungen.»[25] Die Welt, in der Philip Marlowe, der Held aller Chandler-Romane, ermittelt, besteht nicht aus einer Masse mehr oder weniger rechtschaffener Bürger und einer diese bedrohenden Peripherie von Mordgesellen; hingegen ist der Normalbürger (in der Realität wie im Roman) mindestens potentiell identisch mit dem Killer, mit dem Gewohnheitsverbrecher geworden. Die an Chandler gestellte Forderung, er möge doch ‹Gesellschaftsromane statt Kriminalromane› schreiben, erhält vom Autor die empirisch begründete Antwort, daß der Kriminalroman der Roman der Gesellschaft ist.

Raymond Chandlers realistischen und kritischen Gesellschaftsromanen geht jedoch jeder ‹sozialkritisch›-erzieherische Impetus ab[26] – das unterscheidet sie unter anderem von den Produkten mancher Chandler-Epigonen, zum Beispiel den Büchern des bekanntesten unter ihnen, Ross Macdonald, und grenzt sie auch ab gegenüber dem betont ‹gesellschaftskritischen›, erklärtermaßen didaktisch operierenden Werk der schwedischen Kriminalschriftsteller Maj Sjöwall und Per Wahlöö. Er steht auf einer Art Flaubertschem l'art pour l'art-Standpunkt und vertritt die Ansicht: *Auf lange Sicht ist... das Dauerhafteste an der ganzen Schriftstellerei der Stil, und der Stil ist das Wertvollste, in das ein Schriftsteller seine Zeit investieren kann... Stil ist das Ergebnis der Qualität seines Empfindens und seiner Perzeption; die Fähigkeit, beide zu Papier zu bringen, ist es, die ihn zum Schriftsteller macht.*[27] Die Aussage: *Ich schreibe für die Leute, die unter Schreiben eine Kunst verstehen*[28], richtet sich auch gegen die Sorte von nacktem Widerspiegelungs-Realismus, die Chandler im ansonsten von ihm anerkannten Kriminalroman Dashiell Hammetts bemängelt: *Ich bezweifle, daß Hammett irgendwelche bewußten künstlerischen Absichten hatte*[29]; und wo er seinen Vorreiter übertreffen möchte – *aber dies alles (und auch Hammett) genügt mir noch nicht*[30] –, meint er im wesentlichen die poetische Dimension der realistischen Mordgeschichte, mit deren Schreiben Hammett gerade aufgehört hatte, als Chandler sich ihrer 1933, im Alter von bereits 45 Jahren, anzunehmen begann. So sind die häufigen literarischen Anspielungen innerhalb seines Romanwerks – man stößt auf Autoren wie Dante, Shakespeare, Flaubert, Dostojevskij, Kafka, Hemingway und andere – keine Pose, sondern Verweis auf das Programm eines gewissermaßen poetischen Realismus. Gleich im ersten der sieben Chandler-Romane findet sich eine diesbezüglich bedeutsame Schlüsselstelle: *«Ich dachte schon, Sie würden im Bett arbeiten wie Marcel Proust.»* – *«Wer's 'n das?»*... *«Ein französischer Autor, ein Connaisseur des Verfalls.»*[31]

Raymond Chandler ist nicht der amerikanische Proust – doch seine Bücher werden ebenfalls vom Leitmotiv des Verfalls durchzogen und besitzen die Eigenarten sorgfältig komponierter Literatur, deren vornehmliche Funktion darin bestehen soll, *einen Zauber aus Worten zu schaffen*[32]. «Seine Sätze», urteilte 1940 der amerikanische Kritiker Morton Thompson in einer Besprechung von *Lebwohl, mein Liebling* (*Farewell, My Lovely*), «seine Sätze, und zwar alle, zeugen von intensivem Arbeiten, ständigem Feilen..., unablässiger schöpferischer Tätigkeit... Himmel, es tut gut, wieder einmal Redlichkeit und Bemühen und feine Regungen zu erleben.»[33]

In der Gegenwart ist die tatsächliche Bedeutung Raymond Chandlers ähnlich wie zu seiner Zeit nur hier und da anerkannt. In aller Regel betrachtet man ihn als einen der besseren Kriminalschriftsteller («Chandler ist ein Autor, der mehr Aufmerksamkeit verdient, als ihm im Eisenbahnabteil entgegengebracht wird»[34]) oder sieht in ihm wohlwollend-mißverstehend einen «Dichter, der Krimis schrieb»[35]. Auf der anderen Seite wertet man ihn mit sich avantgardistisch gerierender Arroganz ab und siedelt ihn nicht bloß weit hinter anderen, wahren literarischen Größen, sondern auch, mutmaßlich in origineller Absicht, hinter Hammett an – «nun sind Chandlers Krimis sicher besser und lesbarer als vieles... andererseits halten sie den Vergleich etwa mit der USA-Trilogie von John Dos Passos nicht im entferntesten aus, genaugenommen nicht einmal mit Hammetts Romanen»[36] –, was sich freilich beides schon vor der oberflächlichsten Nachprüfung blamiert. Die zutreffende Erkenntnis: «Er machte aus dem als trivial eingestuften Kriminalroman einen literarischen Roman mit künstlerischem Anspruch»[37] kann ebensowenig als Allgemeingut gelten wie die Ansicht Frank MacShanes, der Raymond Chandler «zu einem der bedeutendsten Schriftsteller seiner Zeit»[38] erklärt und in der ersten umfassenden Biographie über ihn das Bild eines schweren und problematischen Lebens zeichnet, «das nur zeitweilig von glücklichen Augenblicken erhellt wurde, und dem er durch sein hartnäckiges Festhalten an den strengsten Maßstäben der Kunst einen Sinn verlieh»[39].

Kindheit, Schule und Jugend

Ich bin in Chicago, Illinois, geboren, vor so verdammt langer Zeit, daß ich wünschte, ich hätte nie jemandem erzählt, wann. Meine Eltern stammten beide von Quäkern ab. Sie waren aber beide keine praktizierenden Quäker. Meine Mutter wurde in Waterford, Irland, geboren ... Mein Vater kam aus einer pennsylvanischen Farmerfamilie, wahrscheinlich einer aus dem Haufen, der sich mit William Penn dort ansiedelte.[40]

Als einziges Kind der gerade ein Jahr miteinander verheirateten Eheleute Maurice Benjamin und Florence Dart Chandler (geb. Thornton) wird Raymond Chandler am 23. Juli 1888 in eine Familie hineingeboren, deren sieben Jahre später erfolgender Zerfall vielleicht schon erste Schatten vorauswirft. Der Vater, gleich der Mutter Abkömmling englischer und irischer Vorfahren, ist Ingenieur von Beruf und arbeitet für Eisenbahngesellschaften im Mittleren Westen. Seine auch hierdurch bedingte häufige Aushäusigkeit und eine Neigung zum Alkoholismus zerstören die

Chicago in den achtziger Jahren des 19. Jahrhunderts

Ehe mit Florence systematisch und unaufhaltsam, deren Verlauf durch ständige Konflikte sowie gewalttätige Übergriffe von seiten des Mannes geprägt wird. Raymond, der einzig zur Mutter, einer zarten, empfindsamen Frau, Bindung findet und der später in bezug auf seine wenig erfreuliche und bedrückende Kinderzeit in Amerika meist nur von unbeschwerten, allein mit Florence in Plattsmouth, Nebraska (dem Wohnort einer Tante mütterlicherseits), verbrachten Sommertagen wehmütig erzählen wird, wächst in völliger Entfremdung zum Vater auf. Er lernt ihn niemals kennen, es sei denn in ausschließlich negativer Hinsicht, und spricht im Fortgang des Lebens, falls überhaupt, nur ungerührt-lakonisch über ihn. *Mein Vater hat an der Penn* (Universität von Pennsylvania) *studiert, war*

Raymond als Baby

Die Mutter Florence Dart Chandler

Tiefbauingenieur. Geschieden, als ich sieben war... Ich habe meinen Vater nie wiedergesehen.[41] Maurice Benjamin Chandler verläßt die Familie wegen einer anderen Frau. Nach der durch Florence erwirkten Scheidung hören sie und ihr Sohn nichts mehr von ihm, und er denkt nicht daran, beiden irgendeine Form von materieller Fürsorge zukommen zu lassen.

Raymond ist endgültig vaterlos und bleibt es fortan. Doch dieser Zu-

London, The Strand um 1890

stand geht ihm vermutlich nicht sonderlich nahe, noch dürfte er seine Zukunft belastet haben. Er hat in der Mutter den nötigen starken Halt[42] und während der folgenden Kinder- und Jugendjahre kaum das ihm angedichtete Problem, daß «niemand [da] war ... ihn zu führen, wie nur Väter es können»[43]. Sicher ist natürlich ein Maß an psychischer Schädigung, das ihm das Erleben zerrütteter bürgerlicher Familienverhältnisse zufügte, deren womögliche, wie auch immer geartete Wiederholung Florence, dem Jungen zuliebe, sich selbst verbietet. *Das einzige, was ich nicht richtig fand, war, daß sie nicht wieder heiraten wollte; sie fürchtete nämlich, ein Stiefvater würde mich nicht freundlich behandeln, weil mein Vater so ein Schwein war.*[44] Andererseits hat Chandlers bittere frühkindliche Erfahrung väterlicher Rücksichtslosigkeit unter Umständen positiv auf ihn eingewirkt – denn er wird in genauem, programmatischem Kontrast zu ihr in seinem Dasein Verhaltensmaximen entwickeln und konsequent verfolgen, die sich mit Vokabeln wie Loyalität, moralische Integrität und Anstand beschreiben lassen.

Meine Mutter kehrte bald darauf nach England zurück, um bei ihrer Mutter zu leben und ihr den Haushalt zu führen, und natürlich ging ich mit ihr.[45] Fraglos aus ökonomischer Bedrängnis heraus vollzieht sich die Umsiedlung nach London, wo Florence mit ihrem Sohn im Stadtteil Upper Norwood, im Haus ihrer verwitweten Mutter und einer Schwester Wohnung bezieht, «in einem Haushalt der Mittelschicht, in dem es mit viktorianischer Korrektheit zuging und wo sie sich wie in Ungnade gefallene arme Verwandte fühlen mußten»[46]. Ihr Zustand ist der erniedrigender, finanzieller Abhängigkeit, dessen Garanten *meine beschränkte und arrogante Großmutter*[47] und deren reicher Sohn, Chandlers Onkel Ernest Thornton, sind. Man kann nicht sagen, daß der solchermaßen veränderte Sozialisationsrahmen für Raymond einschneidende Erleichterungen zur Folge hat – ihn, der nun in Zukunft «seine Mutter vor der moralisierenden Herablassung seiner Tante und Großmutter schützte und gleichzeitig an den Demütigungen, die sie dabei erlitt, teilnahm»[48]. Es sieht so aus, als habe sich nur die Art der Belastungen gewandelt, mit denen der Junge von frühauf fertig zu werden hat.

So wächst er heran, «ein empfindliches und nicht sehr kräftiges Kind»[49], das oft erkrankt, sich aber desungeachtet in sozialer Gesundheit zu entwickeln scheint. *Als kleiner Junge gehörte ich in unserem Viertel zu einer Bande (sie war in keiner Weise kriminell)*[50]; Außenseiter, in mancher Beziehung, mag er dennoch immer gewesen sein. *Ich glaube, ich war in*

London-Dulwich

Das Dulwich College

vieler Hinsicht ein seltsamer Junge, weil ich einen enormen persönlichen Stolz besaß.[51] Im Jahre 1900 ziehen Großmutter, Mutter und Tante mit ihm von Upper Norwood nach Dulwich, in ein nahe der dortigen Public School gelegenes Haus. Auf Betreiben von Ernest Thornton (übrigens einem irischen Rechtsanwalt), der auch das hohe Schulgeld bezahlt, wird der zwölfjährige Raymond Tagesschüler (also nicht Internats-Zögling) des Dulwich College – nachdem er wahrscheinlich zuvor, in Upper Norwood, eine vorbildende, selektierende Preparatory oder Junior School erfolgreich besucht und hiervor, vielleicht noch in Chicago, in einer Infant School die Lesen, Schreiben und Rechnen vermittelnde «Primary Education» absolviert hat.[52] *Ich bin aufs Dulwich College gegangen, eine englische Public School, die unter gesellschaftlichem Aspekt zwar nicht ganz an Eton und Harrow heranreichte, aber doch eine sehr gute Bildung vermittelte. Zu meiner Zeit gab es dort zwei «Zweige», einen modernen Zweig, hauptsächlich für Jungens vorgesehen, die einmal irgendwie in die Wirtschaft wollten, und einen humanistischen Zweig für alles, was Latein und Griechisch nahm und einmal nach Oxford und Cambridge wollte. Ich durchlief den modernen Zweig bis ans Ende und sprang dann zur untersten Klasse der Oberstufe im humanistischen Zweig über. Dort ging ich bis zur sechsten, der letzten Klasse. Ich machte den Abschluß mit siebzehn – das übliche Abgangsalter lag damals kurz vor dem zwanzigsten Geburtstag.*[53]

20

Über die in Dulwich genossene, viereinhalb Jahre dauernde Ausbildung und Erziehung hat Chandler sich immer insgesamt positiv geäußert, wenngleich er die Fragwürdigkeit des elitären Public School-Geistes betont, wenn er ironisch anmerkt, Dulwich sei nicht erster Klasse und vom Eton College (noch heute der Inbegriff aller englischen Public Schools) ein beträchtliches Stück entfernt gewesen; in diesem Sinne sagt er dann auch: *Ich glaube nicht, daß mir die Erziehung irgendeinen großen Schaden zugefügt hat.*[54] Die ihm präsentierten Lerninhalte (moderne Sprachen, Mathematik, Wirtschaft, Geschichte, Geographie, Religion, ferner eben Latein, Griechisch, Literatur, Kunst) bewältigt er – wie er nicht ohne Stolz angibt – in problemloser, von intellektueller Frühreife zeugender Eile. Besonders die humanistische Bildung sieht er später als das Fundament seiner schriftstellerischen Potenzen an – was nicht zu bemerken er den ihn beurteilenden professionellen «Krimi»-Rezensenten spöttisch vorhält: *Es dürfte ein ziemlicher Schock für einige meiner Kritiker sein, wenn sie erfahren, daß ich in Dulwich zur Schule gegangen bin und mit Latein und Griechisch aufwuchs.*[55]

Im Dulwich College

Raymond als College-Schüler

Wie ihn die humanistische Unterweisung zweifelsohne auch charakterlich tangiert, so steht erst recht außer Zweifel, daß Chandler von der moralisch-ideellen Seite einer Public School-Erziehung im nachviktorianischen, aristokratisch geprägten, streng konservativen England König Eduards VII. (1901–10) nachhaltig beeinflußt wird. Die Standard-Tugenden eines College werden in der nicht übermäßig exponierten Anstalt von Dulwich, wo neben den Söhnen der Adligen, Plutokraten und Reichen auch die des (solventen) Mittelstandes lernen dürfen, kaum weniger verfochten als an vergleichbarem anderem Ort, obgleich man mit Sicherheit nicht «jenen aktiv anti-intellektuellen, anti-wissenschaftlichen, vom Sport beherrschten Tory-Imperialismus»[56] pflegt, der bis in unsere Zeit hinein die englische Public School ‹auszeichnet›. Den uniformiert gekleideten Schülern wird ein christlich ausgerichteter, am «Gentleman»-Ideal orientierter Ehren- und Verhaltenskodex verordnet, der unter anderem folgende Grundwerte für unumstößlich erklärt: Mannhaftigkeit, edle Gesinnung, Uneigennützigkeit, Bescheidenheit, Taktgefühl, Achtung der Frau, überhaupt des Mitmenschen, Aufrichtigkeit, Gerechtigkeit, Selbstbeherrschung, Gefühlskontrolle, Kameradschaft, Teamgeist, fair play, Fähigkeit, zu verlieren, Leistung, zähe Ausdauer, Härte gegen sich selber, Toleranz gegenüber individuellen Eigenarten.[57]

Der Schüler Chandler, der trotz seiner schwächlichen Konstitution dem auch in Dulwich pädagogisch wichtigen Sportvergnügen eifrig zugetan ist, verinnerlicht zwar viele dieser propagierten Charakter-Regeln, so wie der Autor Chandler seinen Romanhelden Philip Marlowe – ebenfalls College-Absolvent – desgleichen mit etlichen «Gentleman»-Eigenschaften ausstatten wird. Aber er ist auf Grund seiner Intelligenz schon als junger Mensch offenkundig in der Lage, die ihm vorgesetzten Werte selbständigkritisch zu prüfen, wovon zum Beispiel eine Bemerkung über seine jugendliche Auseinandersetzung mit der christlichen Indoktrination Zeugnis ablegt: *Als junger Mann war ich sehr kirchlich gesinnt und sehr fromm. Aber ich war geschlagen mit einem analytischen Verstand.*[58] Und der gewiß Dulwich-gefärbte Kodex, den der erwachsene Chandler sich aufstellt, hat weitgehend die verstandesgemäße Verarbeitung bzw. Ausscheidung des bedenklichen, bürgerlich-reaktionären Teils der schulischen ‹Mannes›-Erziehung erfahren und erscheint obendrein kraß variiert durch das einer Public School ungemäße Element des Aufsässigen. *Ich bin peinlich genau, was meinen eigenen Kodex angeht, aber ich schere mich einen Dreck um die heuchlerische bürgerliche Moral.*[59] *Die meisten Menschen passen sich den Situationen an, in die das Leben sie hineinzwingt. Ich bin zufällig der ewige Rebell.*[60] So hat die geistig-moralische Atmosphäre von Dulwich in Chandler mitnichten jenen typischen engen und puritanischen Public School-Menschen hervorgebracht, als den man

1905

ihn manchmal gern kurzschlüssig hinzustellen versucht[61] – selbst wenn er immer ein bürgerliches äußeres Erscheinungsbild und einen ebensolchen Lebensrahmen bevorzugte.

Raymonds Wunsch, nach Beendigung der Schulzeit (1905) ein juristisches Universitätsstudium zu beginnen (es ist nicht unbezeichnend für ihn, daß er Strafverteidiger werden will), erfüllt sich nicht, und die Familie macht hierfür unglaubwürdige Finanzgründe geltend. Man schickt den Siebzehnjährigen zur Vervollkommnung seiner Fremdsprachenkenntnisse für je sechs Monate nach Paris und Deutschland. Er genießt diese Zeit relativer Ungebundenheit und Freiheit, und das sehr zu Recht, denn als er zurückkehrt, warten triste Perspektiven auf ihn. *Als ich achtzehn Jahre alt war, fällten meine Mutter und mein reicher, aber etwas despotischer irischer Onkel die Entscheidung, ich sollte in den Staatsdienst treten und die entsprechende Prüfung ablegen... Ich wollte Schriftsteller werden, wußte aber, daß mein... Onkel dafür nie zu haben sein würde, und so dachte ich, daß die geruhsamen Stunden im Staatsdienst mir ja vielleicht die Möglichkeit lassen könnten, nebenbei zu schreiben. Ich bestand als dritter in einem Haufen von ungefähr sechshundert.*[62] Was Chandlers schriftstellerische Ambitionen anbelangt, um deretwillen er die Fron auf sich nehmen will, so haben sie zu diesem Zeitpunkt noch keinen rechten Boden, denn er hat de facto bisher nichts von Bedeutung geschrieben, *in der Schule... keine besonders markante literarische Begabung entfaltet*[63] und verfaßt erst mit neunzehn das früheste seiner «melancholisch-entsagungsvollen Gedichte über kornblumenblauäugige Damen»[64] und ähnliche Themen, von denen die meisten ihm später *ausgesprochen kläglich vorkommen*[65].

Jedenfalls tritt er also den Posten in einem Büro der britischen Admiralität an. *Ich ging zum Marineministerium, fand die Atmosphäre dort aber so zum Davonlaufen, daß ich nach sechs Monaten davonlief. Damit platzte eine Bombe; vielleicht hatte das noch nie ein Mensch gemacht. Mein irischer Onkel lief blau an vor Wut.*[66] Unfähig zu uninteressanter Arbeit, unfähig ferner zur fälligen Unterordnung (*Der Gedanke, zwei Finger an die Hutkrempe zu legen, um den Amtsleiter zu grüßen, grenzte für mich ans Obszöne*[67]) und außerdem kärglich besoldet, schert Chandler aus der sicheren Laufbahn aus. Er gerät damit unweigerlich ins materielle Abseits, einmal, weil Ernest Thornton ihn finanziell offensichtlich zur Strafe sich selbst überläßt, und dann, da er den Versuch startet, als ‹freier› Autor Karriere zu machen. *So verkroch ich mich in Bloomsbury, lebte praktisch von nichts und schrieb für eine intellektuelle Wochenzeitschrift und auch für die «Westminster Gazette», vielleicht das beste Abendblatt, das die Welt je gesehen hat. Aber selbst im besten Fall bekam ich nur einen sehr kargen Lebensunterhalt zusammen.*[68]

Er ist als Reporter, Übersetzer, ‹Dichter› und Rezensent tätig, arbeitet für Zeitungen und literarische Zeitschriften, verkauft Artikel, Besprechungen, Essays, satirische Skizzen und Verse. Doch da er nicht das Durchsetzungsvermögen besitzt, mit dem man es im Journaille- und Literaturbetrieb bestenfalls zu etwas bringt, und darüber hinaus ohne ein so-

Paris, Porte Saint-Denis 1906

ziales Netz schreiben muß, ist sein Scheitern so gut wie unausweichlich. *Natürlich gab es damals wie heute ... gewitzte junge Leute, die sich als freie Mitarbeiter bei den zahlreichen literarischen Wochenblättern und in den noch literarischeren Feuilletons der Tageszeitungen einen ganz anständigen Lebensunterhalt verdienten. Aber die meisten, die das taten, hatten entweder Privateinkommen oder aber einen Job, besonders im Staatsdienst. Und ich war entschieden kein gewitzter junger Mann. Ich hatte sehr wenig Geld, obwohl davon in meiner Familie ein ganz schöner Batzen steckte.*[69]

Raymond Chandler sieht langfristig keine tragfähige Überlebenschance für sich im Großbritannien der Jahre vor dem Ersten Weltkrieg, wo der Niedergang der viktorianischen Wirtschaft (deren endgültiger katastrophaler Zusammenbruch nach 1918 einsetzt) bereits spürbar vonstatten geht und «eine Atmosphäre des Unbehagens, der Richtungslosigkeit»[70] schafft. In einem sozialstaatlich nur höchst rudimentär gezügelten kapitalistischen System, in welchem – zwischen 1911 und 1913 – «5 Prozent der Bevölkerung 87 Prozent des privaten Reichtums, 90 Prozent hin-

26

München, das Isar-Tor 1906

gegen nur 8 Prozent» in Händen halten[71], gibt es nichts zu hoffen und zu erwarten, und Chandler zieht eine mutige Konsequenz: er leiht sich von seinem Onkel 500 Pfund und besteigt 1912, mutterseelenallein, ein Schiff nach Amerika.

Es ist der Schritt in die richtige Richtung. Als einer von ca. neun Millionen Auswanderern, die zwischen 1905 und 1914 Europa verlassen, um in den Staaten ihr Glück zu machen, wird der dreiundzwanzigjährige junge Mann sein risikoreiches Unternehmen letztlich nicht zu bereuen haben.

Frühe Jahre in Kalifornien

Der Neuanfang im Land seiner Geburt verläuft für Chandler zunächst und im Hinblick etwa auf die ersten zehn Jahre des freiwilligen amerikanischen Dauer-Exils außerordentlich ernüchternd und hart. Zwar sind im Gegensatz zu England in den USA schon lange die ‹Modernen Zeiten› angebrochen, die sich im ungebremsten Galopp des industriellen und technologischen Fortschritts manifestieren und mit Errungenschaften wie der Massenproduktion von Konsumgütern, der fortschreitenden Elektrifizierung der Arbeits- und Lebenswelt, dem Bau der ersten Untergrundbahnen oder der durch Henry Ford entwickelten Automobilfließbandproduktion Europa beeindrucken. Aber die trotz der Rezession von 1913/ 14 dank ausgedehnter Waffenlieferungen an die Alliierten bestens florierende US-Wirtschaft schafft in gewöhnlicher kapitalistischer Weise außer Wohlstand vor allem hohe Arbeitslosigkeit und große Armut. Und sie gibt einem jungen Menschen keine andere Chance als die, sich auf Gedeih und Verderb irgendwie durchzuschlagen.

Raymond Chandler tut dies, nachdem er über New York, St. Louis und Nebraska – wo er Stätten der Kindheit wiedersieht – schließlich nach Los Angeles gelangt ist. *Ich kam in Kalifornien an mit schicker Garderobe, Public School-Akzent, ohne praktische Fähigkeiten, mir den Lebensunterhalt zu verdienen, und mit einer Verachtung für die Einheimischen, die sich, wie ich leider sagen muß, in gewissem Maße bis heute beharrlich gehalten hat. Es war ganz schön hart für mich, durchzukommen. Einmal arbeitete ich auf einer Aprikosen-Plantage, zehn Stunden am Tag, die Stunde für zwanzig Cent. Ein anderes Mal war ich in einem Sportartikelladen beschäftigt und bespannte Tennisschläger, für zwölf Dollar fünfzig die Woche, vierundfünfzig Stunden in der Woche.* [12] Er faßt den Entschluß, die Buchhaltung zu erlernen, durchläuft einen entsprechenden, auf drei Jahre terminierten Kursus in sechs Wochen und nimmt eine Buchhalterstelle in einer Molkerei an. Er läßt seine Mutter aus Großbritannien nach Los Angeles kommen und sorgt für sie.

Als die USA 1917 faktisch in den Ersten Weltkrieg eingreifen, wird er Soldat – nicht in der amerikanischen, sondern in der kanadischen Armee,

New York, Fifth Avenue

weil nur sie der Mutter ein Familienunterstützungsgeld zahlt.[73] *Ich diente in der I. Division der Canadian Expeditionary Force bei dem Unternehmen, das allgemein der Große Krieg hieß*[74], schreibt Chandler 1950 an Hamish Hamilton, den englischen Verleger seines Werks und einen seiner wenigen guten Freunde. Vielleicht kann diese Äußerung den Schluß nahelegen, daß Chandler rückblickend sowohl die wirtschafts- und machtpolitisch motivierte Kriegsteilnahme Amerikas (dessen «Friedenspräsident» Wilson noch 1916 durch sein Bekenntnis zur Neutralität die Wahlen gewonnen hatte) als auch sein eigenes militärisches Engagement in kritischem Licht sieht. 1917 jedoch scheint er einigermaßen vorbehaltlos, wenngleich ohne jeden Enthusiasmus in den ‹Großen Krieg› zu ziehen und nicht zur Opposition pazifistischer und linker Kriegsgegner zu gehören, die der US-Staat im Vorfeld des «Red

Scare»-Terrors von 1919 per «Spionage-» und «Aufruhrgesetz», durch Verfolgungen, Massenverhaftungen und sogar Folterungen brutal bekämpft. Chandler, dem die Erfahrung des Kriegs zum Trauma werden wird – einem Schock, den er auf ähnlich schweigsame, verdrängende Art bewältigt wie sein Vater-Erlebnis –, kommt 1918 nach Frankreich, überlebt in Vimy als einziger seiner Einheit ein deutsches Granatfeuer und tritt danach in England in das Royal Flying Corps (die spätere Royal Air Force) ein, *hatte aber die Fliegerausbildung noch nicht abgeschlossen, als der Waffenstillstand kam*[75]. Anfang 1919 wird er in Kanada aus der Armee entlassen.[76]

Wieder in Los Angeles, ist Chandler darauf verwiesen, das weiterzumachen, was er vor dem Krieg getan hat: unbefriedigende, wenig einträgliche Jobs anzunehmen und zu wechseln, um sich und der Mutter die materielle Existenz zu sichern. Doch ziemlich mit Beginn der «Fabulous Twenties» ändert sich seine Lage allmählich. In dieser legendären Periode, in welcher der amerikanische Kapitalismus einen aufgeblähten Aufschwung produziert, seinen bourgeoisen Oberschichten «goldene Jahre» beschert, den Großteil der Bevölkerung dagegen das Diktat permanenten Konsums nur auf Kredit- und Ratenbasis befolgen läßt und

Los Angeles

1918

nicht allein wegen des gesetzlich verfügten Alkoholverbots («Prohibition») auch einen Boom der allgemeinen Kriminalität herbeiführt, der ein Heer von Gewohnheitsverbrechern erzeugt und Syndikatsgrößen wie Al Capone, Dutch Schultz, Bugs Morau oder «Lucky Luciano» (den Chand-

Nach Kriegsende

ler 1958 persönlich kennenlernen wird) zu allseits bewunderten Millio-
nenverdienern macht – in diesen «goldenen Zwanzigern» also vollzieht
sich auch Chandlers Aufstieg, und zwar *so rapide wie der Wuchs eines
Mammutbaumes*[77]. Durch Protektion des Millionärs Warren Lloyd, den

er seit der Überfahrt von England nach New York kennt und dessen gebildete Familie ihm während seiner frühen kalifornischen Jahre eine Art gesellschaftlicher Heimat bietet, erhält er einen Buchhalterposten im Firmenkonsortium des Ölmagnaten Joseph B. Dabney. Da Chandler beachtliches geschäftliches Talent an den Tag legt und außerdem Los Angeles vom Ölrausch erfaßt ist, macht er in kurzer Zeit eine erstaunliche Karriere und bringt es zum Vizepräsidenten von Joseph Dabneys South Basin Oil Company und zum Direktor etlicher Erdölgesellschaften, *obwohl ich im Grunde nur ein hochbezahlter Büromensch war*[78]. 1924, unmittelbar nach dem Tod seiner Mutter, hat er Cissy Pascal geheiratet, eine um achtzehn Jahre ältere, zweimal geschiedene Pianistin. Und es könnte den Anschein gewinnen, als richte sich Chandler, der ehemalige Literat aus Bloomsbury, nach gelungener amerikanischer Tellerwäscherlaufbahn jetzt für den Rest seines Daseins in einer saturierten Businessman-Existenz ein.

Doch es ist nicht diese Sorte bürgerlichen Erfolgs, von der Chandler jemals träumte und die ihn im Ernst auf längere Sicht hin befriedigen

Al Capone

kann. Was seine Manager-Position anlangt, so interessiert ihn an ihr ohnehin bloß die abstrakte Genugtuung, sie sich mit seiner Zähigkeit erkämpft zu haben und ihren Anforderungen souverän zu genügen, wobei ihm der konkrete Inhalt der von ihm verwalteten Geschäfte gleichgültig, ja widerwärtig ist. *Ich hatte den besten Bürostab in ganz Los Angeles, und ich zahlte meinen Leuten höhere Gehälter, als sie irgendwo sonst hätten bekommen können, und sie wußten das. Meine Bürotür war nie geschlossen, jeder nannte mich beim Vornamen, und es gab nie auch nur den geringsten Streit... Ich hatte die Gabe, die einzelnen Fähigkeiten der Menschen zu entdecken. Es gab da einen Mann, entsinne ich mich, der geradezu genial begabt war für die Ablage. Andere waren gut in Routinearbei-*

Cissy

Dabneys Bohrtürme bei Signal Hill in den zwanziger Jahren. Chandler erster von links in der zweiten Reihe; Dabney mit Hut in der Hand Mitte der ersten Reihe

ten, hatten aber keine eigene Initiative... *Das Geschäftsleben ist hart, und ich hasse es. Aber was man einmal anfängt, das muß man dann auch so gut machen, wie man nur kann.*[79]

Unter dem Strich fällt Chandlers rückschauendes Urteil über seine Erfahrungen in der Big Business-Sphäre sehr negativ aus. *Niemand amüsiert sich heute,* meint er 1954, *außer den Gaunern und den Ölmillionären (es mag hier vielleicht einen kleinen Unterschied geben, aber ich war zehn Jahre lang im Ölgeschäft, und der Unterschied ist sehr klein).*[80] Ein paar Jahre früher bemerkt er anläßlich einer Schilderung von Filmkapitalisten in Hollywood: *Schlagartig erkannte ich die seltsame Seelen- und Geistesverwandtschaft zwischen den tonangebenden Leuten von Großkapital und Gangstertum. Dieselben Gesichter, derselbe Ausdruck, dieselben Manieren; dieselbe Art Kleidung, dieselbe übertriebene Lässigkeit in den Bewe-*

Die Börse in New York am Schwarzen Freitag, 28. Oktober 1929

gungen.[81] Wenn in Chandlers Romanen gerade der Typus des Unternehmers fast immer von finsterstem Zwielicht umgeben ist und an der Spitze der kriminellen Gesellschaftselemente steht, so beruht diese Sichtweise stark auf autobiographisch verbürgtem Wissen.

Da er nun, abgesehen von der Tatsache, daß ihm seine Karriere zunehmend *fatal* wird[82], auch nicht imstande ist, sich in der Rolle des Idealtyps des in den «Fabulous Twenties» propagierten spießigen Wohlstandsbürgers sonderlich wohl zu fühlen, zerbricht er zusehends an der inneren Perspektivlosigkeit seines Daseins und reagiert mit exzentrischer Allergie auf «den Erfolg». Er rebelliert nicht offen gegen die offizielle Business-Ideologie, wie es zu dieser Zeit in den USA sehr viele Intellektuelle und Literaten (bis hin zur Konsequenz der Auswanderung) tun. Chandler trinkt, er gerät aus der Bahn, er scheint die Kontrolle über sich zu verlieren. Und während die «Great Depression» die «goldenen Zwanziger» in Schutt und Asche legt, wird er immer häufiger das Opfer seiner privaten Depressionen, verschwindet tagelang nach irgendwohin, droht gelegentlich mit Selbstmord und kümmert sich nicht mehr besonders um seine Arbeit. 1932 wird er, vierundvierzigjährig, entlassen. *Die Depression machte dem ein Ende. Ich war viel zu teuer, ein Luxus damals.*[83] Es ist schwer zu entscheiden, inwieweit, wie Chandler in dieser Weise später angibt, die furchtbar wütende Wirtschaftskrise der wahre Grund für seinen Hinauswurf gewesen ist. In der Forschung pflegt man seine Aussage als durchsichtige Schutzbehauptung abzutun, mit der er von der wirklichen Entlassungsursache, den Alkoholproblemen, ablenken wollte. Bedenkt man, daß solche Art des Selbstbetrugs nicht typisch für Chandler ist und daß die Depression 1932 schon annähernd zwölf Millionen Menschen um Job und Brot gebracht hatte, wirkt die Schuldzuweisung an die ökonomischen Verhältnisse nicht unglaubwürdig – obzwar Chandler den Verzicht auf seine Dienste sicherlich mitprovoziert hat.

Auf jeden Fall steht er plötzlich auf der Straße und sieht sich mit der bislang fundamentalsten Katastrophe seines Lebens konfrontiert. Aber er schafft es, aus ihr den Weg zu einer neuen, endgültigen, latent stets herbeigewünschten Identität zu finden: er wird Schriftsteller. Wie 1912, als er nach Amerika ging, arbeitet sich Chandler wiederum aus dem Nichts nach oben; und es ist abermals ein dorniger Weg bis dorthin, der diesmal jedoch an seinem Ende ein Ziel aufweist, das er auch wirklich erreichen möchte.

«Erpresser schießen nicht» –
Lehrjahre des Schreibens

Das Leben ist schließlich ein Kampf, nicht? Wo man auch hinkommt, was man auch tut – man muß immer etwas hergeben.[84]

Raymond Chandlers Situation im Jahre 1932 war schlimm und aussichtslos. Seinen Briefen nach zu urteilen empfand er zwar über seine erzwungene Demission aus der Chefetage des Kapitals keinerlei Bedauern und rechnete sie sich schon gar nicht als persönliches Versagen an. Wahrscheinlich verspürte er eine Erleichterung darüber, daß er diesen Job nicht mehr tun mußte und nun frei war für die Schriftstellerei, die er, wie er wußte, entweder jetzt zu seinem Lebensinhalt machen würde oder nie – obgleich seine Lage einen Grad an Bedrohlichkeit aufwies, der es als überaus riskant erscheinen ließ, sich ausgerechnet auf die Kunst zu werfen. Chandler war Mitte Vierzig und kein junger Mann mehr. Er war physisch und psychisch am Ende und stand vor dem Zwang, sich und Cissy einfach nur die nackte Existenz zu erhalten. Er hatte gut verdient im Ölgeschäft, aber sein Geld – obwohl er in dieser Zeit nicht besonders aufwendig lebte – überall angelegt, außer in krisenfesten Sicherheiten. Die Depression ruinierte auch ihn, und die Arbeitslosigkeit traf ihn hart. Die materielle Verelendung drohte, die Millionen Amerikaner überrannte, welche vor Volksküchen und Wärmehallen anstanden, ihr Zuhause aufgeben mußten, durchs Land zogen und «die aus Kisten und Blech entstandenen Lager an den Stadträndern»[85] bevölkerten. Chandler blieb in Los Angeles und Umgebung und behielt wenigstens ein Dach über dem Kopf. *Ich habe zwar nie im Park geschlafen, aber viel hat daran nicht gefehlt. Einmal hatte ich fünf Tage lang nichts zu essen, außer einer Suppe... Es hat mich nicht umgebracht, aber meine Liebe zur Menschheit ist dadurch auch nicht gerade größer geworden.*[86]

Seine Freunde, die Lloyds, zahlten ihm anfangs eine geringe finanzielle Überbrückungshilfe, und mit der Solidarität Cissys im Rücken stellte er sich dem Kampf, hörte sofort auf zu trinken und bewies eine Widerstandskraft, die stets die Kehrseite seiner gefährdeten, krisenanfälligen Sensibilität war. Er ging daran, das Schreiben zu erlernen und

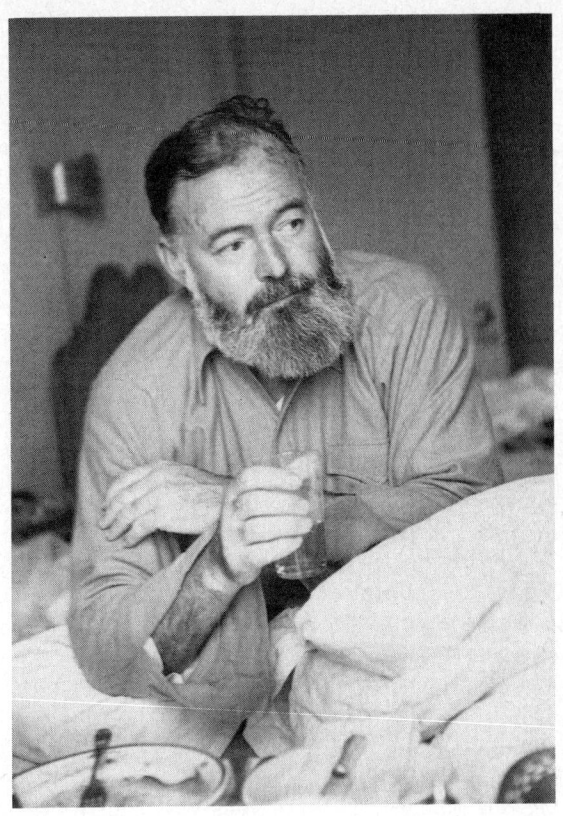

Ernest Hemingway

nach einem einträglichen schriftstellerischen Betätigungsfeld Ausschau zu halten.

Eine Schreibübung von 1932, eine Kurzgeschichte mit dem etwas merkwürdigen Titel *Bier in der Mütze des Oberfeldwebels (oder Die Sonne niest auch)*, deutet an, wie weit Chandler zu diesem Zeitpunkt bereits ist, obwohl er im Prinzip jahrelang nichts geschrieben hat. Es handelt sich um eine grandiose Parodie auf Hemingway, den Chandler bewundert und dem er vor Beginn des eigenen Schreibens sicher als einem Vorbild verpflichtet ist, weshalb die Geschichte *ohne triftigen Grund Ernest Hemingway gewidmet ist, dem größten lebenden amerikanischen Romancier*[87]. Chandler kopiert Hemingways Stil exakt und überzeichnet ihn zugleich mit viel Witz, so daß die bekannten Manien in Hemingways

41

Prosa, zum Beispiel die ewigen Wiederholungen oder die Pose der Männlichkeit, sehr unterhaltsam ins Auge springen. *Es war eine große schwarze Katze mit langem Fell. Es war eine Katze, mit der ein Mann klarkommen konnte*[88]; und Chandler ironisiert literarische Neigungen, von denen er weiß, daß er sich selbst gegen sie zu schützen hat, was ihm in seinem Werk nicht immer gelingen wird. In *Lebwohl, mein Liebling* nimmt Philip Marlowe darauf ‹selbstkritisch› Bezug, indem er einen Polizisten «Hemingway» nennt und über den wirklichen Hemingway die Bemerkung macht: *«Ein Typ, der fortwährend immer wieder dasselbe sagt, bis man anfängt zu glauben, daß es gut sein muß.»*[89]

Während sich Chandler so darum bemüht, eine persönliche Schreibweise zu finden und der Gefahr des Epigonentums zu begegnen, fällt ihm eine Literatur in die Hände, die ihm nicht ungeeignet erscheint, so etwas wie das Ausbildungsforum seiner Lehrjahre abzugeben. *Während ich im Auto die pazifische Küste rauf- und runterfuhr, fing ich an, Schundmagazine zu lesen, einfach weil sie billig genug waren, daß man sie wegschmeißen konnte, und weil ich dem Zeug, das man so Frauenzeitschriften nennt, nie habe Geschmack abgewinnen können. Das war in den großen Tagen der «Black Mask» . . . und es machte mich betroffen, daß manches von dem Geschreibsel stilistisch Kraft besaß und ehrlich war, auch wenn es in reichlich roher Form dastand. Ich gelangte zu der Ansicht, daß es gar nicht schlecht wäre, auf diesem Weg den Versuch zu machen, die Romanschriftstellerei zu erlernen und zugleich auch noch ein bißchen Geld dabei einzustreichen.*[90]

«Black Mask» war ein Groschenheft, das ausschließlich Detektivstories druckte und wegen seiner vergleichsweise literarischen Qualitäten aus der Masse anderer Kriminal- und all der sogenannten «pulp»-Magazine herausragte, deren Papier aus «wood pulp» (Holzfasermasse) hergestellt wurde und die in den zwanziger Jahren Amerika mit der Flut ihrer trivialen Abenteuer-, Liebes- oder Science-fiction-Geschichten überschwemmten. Chandler gefiel an den Produkten der «Black Mask», die er bis dahin nicht gekannt hatte[91], vermutlich der Hemingwaysche Grundton, der sie durchzog, denn das Magazin kreierte und bevorzugte die «hartgesottene Erzählung», und die besten Autoren der in ihm geborenen «hard-boiled school» (zu ihr gehörten unter anderen Carroll John Daly, Raoul Whitfield, George Harmon Coxe, Frederick Nebel, Erle Stanley Gardner und Dashiell Hammett) schrieben auf ähnliche Weise wie zu dieser Zeit Hemingway oder auch William Faulkner.

Die «Black Mask»-Herausgeber Phil Cody und dann Chandlers Entdecker Joseph T. Shaw verfolgten ein klarumrissenes, revolutionäres Konzept: ihr Ziel war die gegen die herrschende europäische – speziell die englische – Kriminalliteratur gerichtete realistische Mordgeschichte, die

Erle Stanley Gardner

rigoros aufräumen sollte mit dem ganzen Wust an Unwahrscheinlichkeiten, grotesk konstruierten Rätseln und mordenden Butlern, an welchem die Gattung noch immer sich dürftig vergnügte. Statt lächerlich aufgezäumter Analysen, blutleerer Charaktere, märchen- bis monsterhafter Täter, aristokratisch-alberner Detektive und gesellschaftsenthobener Mordfelder in einer ansonsten bezaubernden Welt verlangte «Black Mask» von ihren Schreibern die ‹knallharte› Präsentation des real existierenden Verbrechens und seiner historischen Umstände. Cody und Shaw wollten die Leser über die Herrschaft der Gangster in den amerikani-

Arthur Conan Doyle

schen Städten aufklären und Mord und Gewalt nicht als ausgedachte, skurrile Ausnahmephänomene, sondern als gängige Praktiken ausgewiesen haben. Zugleich forderten sie den Berufsdetektiv, den moralisch sauberen «tough guy», der die üble Lebensrealität zu bekämpfen sucht. So bot die «hard-boiled school» «Ansätze zur Kritik und exakten Darstellung der Gesellschaft»[92] und eine erlösende Alternative zum englischen Kriminalroman Marke Arthur Conan Doyle oder Agatha Christie. Dies alles wohlgemerkt überwiegend *in reichlich roher Form*, wie Chandler sagt, der lange nach seiner «Black Mask»-Zeit über Substanz und Beschränktheit der ‹harten Stories› schrieb: *Ich glaube nicht, daß diese Kraft nur im stofflichen Moment der Gewalttätigkeit lag, obwohl viel zu viele Leute umgebracht wurden in diesen Geschichten... Mit Sicherheit beruhte sie auch nicht auf Stilqualitäten, denn jeder Versuch in dieser Richtung wäre von vornherein erbarmungslos dem Rotstift der Redaktion zum Opfer ge-*

fallen. Auch Handlung und Charaktere konnten keine besonders große Originalität für sich in Anspruch nehmen. Die Handlungen waren meist ziemlich platt und ordinär, und die Charaktere bestanden aus ziemlich primitiven Menschentypen. Vielleicht lag die Kraft in der ganz eigentümlichen Atmosphäre der Angst, die diese Geschichten auszubreiten vermochten. Ihre Gestalten lebten in einer Welt, in der alles schiefgelaufen war, einer Welt, in der, schon lange vor der Atombombe, die Zivilisation sich die Maschinerie zu ihrer eigenen Zerstörung geschaffen hatte und mit dem ganzen irren Vergnügen damit umzugehen lernte, mit dem ein Gangster seine erste Maschinenpistole ausprobiert.[93]

Bevor Chandler in einer Arbeitszeit von fünf Monaten seine erste Kriminalstory *Erpresser schießen nicht* (*Blackmailers Don't Shoot*) verfaßt, studiert er die «hard-boiled»-Erzeugnisse sehr genau und eignet sich ihre Machart an, «und er erlernte die Technik der Kriminalerzählung wie ein junger Maler, der im Louvre die Meister kopiert. Er las alles, was er finden konnte, insbesondere Hammett, aber auch Gardner und andere Pulp-Autoren.»[94] Nach Beendigung dieses rein affirmativen Lernprozesses debütiert er im Dezember 1933 in «Black Mask», und Joseph T. Shaw

Agatha Christie

ist auf Anhieb begeistert von dem neuen Autor. Doch *Erpresser schießen nicht* hat keine überragenden Qualitäten, zeigt indes, mit welcher Perfektion Chandler schon den «Black Mask»-Standard, ja sogar dessen gehobene Variante im Griff hat. Tatsächlich ist die Erzählung nicht mehr als eine geglückte Hammett-Kopie. *Ich habe die knallharte Mordgeschichte nicht erfunden, und ich habe nie ein Geheimnis aus meiner Auffassung gemacht, daß Hammett hier das meiste oder gar das ganze Verdienst zukommt. Als Anfänger ahmt jeder nach, Stevenson hat das «den emsigen Affen spielen» genannt.*[95]

Der ehemalige Detektiv Dashiell Hammett hatte seinen letzten Roman «Der dünne Mann» im Mai 1933 abgeschlossen. Er war der literarisch führende Kopf der «hard-boiled school» und schuf und prägte in «Black Mask» und anderen Magazinen in Inhalt und Stil den neuen Realismus, der sie auszeichnete. Jedoch kommt die von Hammett verfochtene Wirklichkeitstreue in der Mehrzahl seiner Romane und Stories nur tendenziell[96] zum Tragen, da die Gesellschaft, um deren Durchdringung es gehen soll, zu oft bloß blasser Hintergrund ist und ihre Kritik regelmäßig in Ansätzen stecken bleibt – wie unter anderem im berühmten «Malteser Falken», wo zwar vom «Dreck dieser Welt»[97] gesprochen, dieser aber nicht wirklich thematisiert wird. Hammetts Realismus erschöpft sich häufig in positivistischer Lebensechtheit: er bringt den Ganovenslang, wie ihn die harten Jungs wörtlich im Munde führen, er schildert Verfolgungsjagden mit fotografischer Schärfe, er ist der penible Anatom jedweder krachenden Schlägerei. In der Hauptsache liegt ihm an der knallharten Mordgeschichte, deren Struktur starre Regeln hat und sich gewöhnlich aus Detektivauftrag, pausenlosen Ermittlungen und dem komplizierten «Fall»-Rätsel zusammensetzt, das (wie im von Hammett verachteten traditionellen Kriminalroman) die Handlung dominiert und am Ende mittels ermüdender Abschluß-Erläuterung aufgelöst wird.

In diesem Rahmen spielen jede Menge «action» und Gewalt ihre zentralen Rollen. Und abgesehen von Ausnahmen (einigen Erzählungen, Hammetts bestem, literarisch wertvollstem Roman «Der gläserne Schlüssel» und auch dem «Dünnen Mann», in dem der Satz steht: «Mord ist was Ernstes»[98]) werden Mord und Totschlag nicht nur fortwährend in sämtlichen Varianten geliefert, sondern haben zumeist den Charakter des Inszenierten, manchmal gar der ästhetischen Anordnung. Selten wird die Gewalt als quasi organische Notwendigkeit und Ausdruck brutaler Gesellschaftsverhältnisse kenntlich gemacht – Hammett verwendet sie vielmehr gern in gewisser Beiläufigkeit als technisches Element und als entsprechend ausgemalten Gegenstand der Unterhaltung, und sein salopper Umgang mit ihr nimmt ihr den tödlichen Ernst, zieht sie herunter zum standardisierten und wichtigsten Markenartikel innerhalb des Repertoires hartgesottenen Erzählens. Dieses kennt außerdem noch eine Reihe anderer Stereotypen und Klischees: den coolen, trinkfesten, von den Frauen vergötterten Detektiv mit dem mehr oder weniger «wölfischen Grinsen», den ununterbrochen geschluckten Whiskey, die unvermeidlichen Zigaretten, die ‹harten und kalten Augen›, die rauhen, bisweilen herzlichen Burschen und ein dem Gegenstand des Erzählten vermeintlich gemäßer angestrengt schnoddriger Fabulierton. Neben dem allem, beinahe immer in untergeordneter Stellung, gibt es anderes: Beschreibungen, geschliffene Dialoge, bissig-satirische Ironie, überhaupt die Kunst des Burlesken – die aber erst Hammetts Nachfolger zur konstituierenden Größe der Kriminalgeschichte erheben wird.

Wesentliches des zu Dashiell Hammett Gesagten trifft auf *Erpresser schießen nicht* und einen Großteil von Chandlers frühen Stories zu. Sein Urteil über den Erstling: *... die Geschichte hat genug action für fünf Stories, und das ganze Zeug ist eine gottverdammte Pose*[99], und in entscheidender Hinsicht ein weiteres, differenzierteres: *...enthält zu viele Schlächtereien. Aber es hat auch ein paar gute Szenen*[100], betreffen viele Produkte des *Groschengeschreibsels*[101]. Rauhbeinig, actiongeladen, bluttriefend, mit einem erheblichen Quantum an produzierter Gewalt und garantiert echtem Gaunerjargon geht es in der Tat in *Erpresser schießen nicht* zu. Es ist eine übermäßig komplizierte Geschichte, die frei nach dem Motto verläuft: *Wenn man nicht mehr weiter wußte, ließ man einen Mann mit einer Pistole in der Hand durch die Tür kommen.*[102] Das liest sich so: *Mardonne stand wie erstarrt. Die Augen des blonden Jungen zuckten für den Bruchteil einer Sekunde auf seine Pistole nieder. Mallory sprang wie der Blitz an der Wand entlang, und die Luger schnellte in seine Hand. Das Gesicht des blonden Jungen straffte sich, seine Pistole krachte. Dann krachte die Luger, und eine Kugel schlug neben dem bunten Filzhut des blonden Jungen in die Wand. Henry duckte sich elegant, drückte noch einmal Blei ab. Der Schuß schmiß Mallory gegen die Wand zurück. Sein linker Arm wurde gefühllos. Seine Lippen verzerrten sich wütend. Er verschaffte sich festen Halt; die Luger sprach zweimal, sehr rasch hintereinander.*[103] Aber unter das Konventionelle mischt sich zögernd das, was Chandler *ein paar gute Szenen* nennt – Poesie, die den vorgegebenen Rahmen transzendiert. *Der Wagen fuhr ins Lichtermeer hinaus, rollte ein kurzes Stück nach Osten, wandte sich dann nach Süden die lange Steigung hinunter. Die Lichter der Stadt bildeten eine endlose glitzernde Fläche. Neonreklamen glühten und blitzten. Der schlaffe Strahl eines Scheinwerfers fingerte zwischen hohen, matt treibenden Wolken herum.*[104]

Von der allerersten «pulp»-Geschichte an stellte sich mir immer die Frage... wie ich in den Stoff etwas hineinpacken könnte, das sie (die Leser) nicht abschrecken würde; etwas... was... irgendwie in ihren Verstand einsickern und eine Nachwirkung hinterlassen würde.[105] Chandler ist sich bewußt, daß die «Black Mask»-Leser und auch sein Herausgeber Shaw einen ziemlich genau definierten Stoff von ihm erwarten, nicht allerdings hochstehende Literatur. Und von Anfang an arbeitet er mit der Drohung des ‹Rotstifts der Redaktion› im Nacken und mit der festen Vorstellung davon, was er eigentlich gern in einer Story verwirklichen würde und was prinzipiell über die Dinge hinausgeht, die Hammett im künstlerischen Bereich je wollte und realisierte. 1948 äußert er sich im Nachhinein über dieses Dilemma: *Vor langer Zeit, als ich noch für die Groschenzeitschriften schrieb, schob ich in eine Geschichte wohl mal einen Satz ein wie etwa: «Er stieg aus dem Wagen und ging über den sonnengetränkten Bürgersteig, bis der Schatten der Eingangsmarkise über sein Gesicht fiel wie die Berührung kühlen Wassers.» Das strichen sie dann raus, wenn die Geschichte gedruckt wurde. Ihre Leser schätzten so was nicht – das hielte bloß die Handlung auf. Ich nahm mir vor, sie zu widerlegen. Meine Theorie ging dahin, daß die Leser nur d a c h t e n , sie interessierten sich für nichts als die Handlung; daß sie in Wirklichkeit aber, obwohl sie's nicht wußten, genau an dem interessiert waren, was mich auch interessierte: an der Entstehung von Gefühl durch Dialog und Beschreibung.*[106]

Doch während seiner Zeit als Lohnschreiber kann Chandler die Theorie nur begrenzt in die Praxis umsetzen. Vordringlich muß er sich und Cissy durch die Veräußerung seiner (schlecht bezahlten) Produkte ernähren. Deswegen und ersichtlich nicht aus handwerklicher Verlegenheit heraus hält er sich vorerst an das Verlangte und daher Verkäufliche und verfährt notgedrungen sparsam mit dem Interesse an Charakteren, Beschreibungen, Szenen-Gestaltung, ausgefeilten Dialogen, Stil. Überwacht vom Argusauge der Groschenheftzensur, schreibt er schlechter, als er zu schreiben vermag, und versucht, bis an die Grenzen zu gehen und sie eventuell zu passieren. *Wenn ich nun so auf meine eigenen Geschichten zurückblicke, so wäre es widersinnig, wenn ich nicht den Wunsch dabei empfände, sie wären mir besser geraten. Aber wenn sie mir damals wirklich viel besser geraten wären, dann hätte ich sie gar nicht gedruckt bekommen. Wäre das Schema ein bißchen weniger starr gewesen, so hätte vielleicht mehr vom Geschriebenen die Zeit überlebt. Einige von uns haben sich weidlich geplagt, aus dem Schema auszubrechen, aber in der Regel wurden wir erwischt und wieder eingeliefert.*[107] Alle frühen Chandler-Stories führen einen beständigen Kampf zwischen «Schema» und «Ausbruch» und ihr übergreifendes Merkmal ist das der Ambivalenz, ist die Symbiose von «hard-boiled»-Norm und poetischer Subversion.

Daß «sich seine Arbeiten während dieser Zeit konstant»[108] verbesserten, stimmt so nicht, und es gibt zum Beispiel zwischen *Erpresser schießen nicht* und *Der König in Gelb* (*The King in Yellow*, 1938) keinen Qualitätsunterschied. Zwar bildet Chandler seine poetischen Fertigkeiten fortlaufend aus. Aber als ganze beschreiben die Geschichten der dreißiger Jahre kaum eine Fortschrittskurve, sondern sind Abbild des steten Wechselspiels ihrer beiden Koordinaten, deren Verhältnis zueinander nun starken Schwankungen unterliegt und eben dadurch die einzelnen Erzählungen voneinander unterscheidet.

Die zweite Story *Der superkluge Mord* (*Smart-Aleck Kill*, veröffentlicht im Juli 1934) ähnelt in ihrer Struktur sehr der ersten. Auch geht es wieder um Erpressung (ein Standard-Thema der Erzählungen), und wie in den meisten der nachfolgenden Texte liegt alle Konzentration beim «Fall» und seiner Lösung, obwohl die Geschichte klarer geschrieben ist als *Erpresser schießen nicht*. Außerdem erkennt man Chandlers Bemühen, mit weniger «Schlächtereien» auszukommen, wiewohl es an sorgfältig gebauten Schießereien nicht mangelt. Zwischen ihnen finden sich einige gute Raum-Darstellungen, und Chandler setzt seine schon im Debüt-Werk begonnenen Versuche auf dem Gebiet des ironischen Vergleichs – dem hervorstechenden Erkennungszeichen seiner Prosa – fort. Neben noch schwachen, bieder-konventionellen Ansätzen (*Er öffnete die Tür des Yellow-Taxis so behutsam, wie eine alte Jungfer eine Katze streichelt*[109]) gibt es bereits echte «Chandlerismen»: *Die Tanzfläche war ein leerer Fleck bernsteinfarbenen Lichts und sah kaum größer aus als die Badematte eines Filmstars.*[110]

In *Einfache Chancen* (*Finger Man*, Oktober 1934) werden die burlesken Übungen auf die Dialoge und überhaupt den gesamten Stil ausgedehnt, und die kritische Funktion des Humors wird zunehmend sichtbar. *Der Mann, der hinter einem niedrigen Schreibtisch saß, war Frank Dorr, der große politische Drahtzieher. Er war ein Mensch von der Sorte, die gern einen Schreibtisch vor sich hat, den fetten Bauch dagegen drückt, an allerlei Sachen darauf herumspielt und ein schlaues Gesicht dazu macht.*[111] *Einfache Chancen* zeichnet sich abgesehen von einer Verstärkung ruhiger, intensiver Szenen gegenüber «Tempo» und «action» dadurch aus, daß Chandler die harten Handlungs-Höhepunkte weniger spektakulär als atmosphärisch zu gestalten versucht, und in ihrer mehr latenten Existenzweise gewinnen sie an Realismus und bedrohlicher Ausstrahlung.

Dasselbe gilt (abgerechnet eine wilde Hammett-Schießerei gegen Ende) für *Mord im Regen* (*Killer in the Rain*, Januar 1935), eine der besten frühen Stories. Der hier namenlose Ich-Detektiv, der erstmals genauere Konturen aufweist und in vielem die Marlowe-Figur antizipiert, zeigt darüber hinaus nachdenkliche Beunruhigung beim Anblick der düsteren, rohen Welt, die sein Aktionsfeld ist, und obwohl er gleich seinen rüderen Vorgängern zum Tatbestand Mord im unernsten Verhältnis des nonchalanten Achselzuckens steht, fühlt er sich bedrängt von kritischem

Unbehagen. *Der Regen hatte während der Nacht aufgehört, und der Morgen war ganz Bläue und Gold. Es lag genug Schmiß in der Luft, daß man das Leben so richtig schlicht und schön finden konnte, wenn man nicht zuviel im Kopf hatte. Ich hatte zuviel im Kopf.*[112] Die Geschichte hat demgemäß einen alles andere als hartgesotten-unbekümmerten Schluß: *Ich fühlte mich müde und alt und unnütz für alle Welt.*[113]

Läßt sich von *Erpresser schießen nicht* bis *Mord im Regen* ein fortschreitender Trend zur Unterhöhlung des «hard-boiled»-Schemas und zum Ausbruch aus ihm konstatieren, so stößt man bei der Betrachtung der drei nächsten Arbeiten *Nevada-Gas* (*Nevada Gas*, Juni 1935), *Spanisches Blut* (*Spanish Blood*, November 1935) und *Schüsse bei Cyrano* (*Guns at Cyrano's*, Januar 1936) auf die gerade umgekehrte Tendenz. *Nevada-Gas* beginnt mit der glänzenden Schilderung eines lautlosen, unblutigen Mordes

und versinkt dann in den Ingredienzien des bloß noch knallharten Stoffs –
mit der üblichen Prügelei im Hinterzimmer des Spielclubs, den üblichen
stählernen Kerlen, den üblichen kühlen Blondinen und den üblichen
rauchblauen Augen, und der farblose, nurmehr männliche Detektiv De
Ruse hat nichts gemeinsam mit seinem denkenden Kollegen aus *Mord im
Regen*. *Spanisches Blut* verleiht dem Polizisten Delaguerra einen Hang
zur Menschlichkeit (*«Es ist schrecklich, was das Leben den Menschen an-
tut»*[114]), schwelgt andererseits in ungezügelten Terror-Akten nach der
Devise: *«Alle tot, rund um die Uhr»*[115]. Nur mitunter haben die Gewalt-
szenen nicht den Charakter purer Mechanismen. Solche Lichtblicke ent-
fallen in *Schüsse bei Cyrano* (ein Titel, der den Story-Inhalt erschöpfend
erfaßt) auf der ganzen Linie. Chandler scheint sich hier – vielleicht von
materiellen Nöten getrieben – vollends der einen Seite seines Widerspruchs anheimzugeben. Doch gleich die folgende Erzählung *Der Mann,
der Hunde liebte* (*The Man Who Liked Dogs*, März 1936) spiegelt wieder
die gegenläufige Richtung. Der nach *Mord im Regen* bislang beste Text
beschränkt sich auf authentische Gewaltbilder und ein geringes Maß an
reißerischer Handlung und gewinnt dadurch Raum für *Dialog und Beschreibung*, eine Menge an Witz (*Er sah mich mit einem Blick an, als
würde er mir gern ins Gesicht treten, ohne sich dabei beeilen zu müssen*[116])
sowie für die Beschäftigung mit den Zuständen in einer von Gangstern
durchsetzten Kleinstadt, deren korrupte Gesellschaftsverhältnisse aber
am Ende, nach erfolgter Säuberung, in ideologischer Weise als grundsätzlich reformiert erscheinen.

Nachdem Chandler im Mai 1936 mit *Straßenbekanntschaft Noon Street*
(*Noon Street Nemesis*; späterer Titel: *Pick-up on Noon Street*) wie im Vor-
übergehen eine äußerst rabiate, schnelle, vom Magazin «Detective Fiction Weekly» veröffentlichte Story auf den Markt geworfen hat, kehrt er
mit seinen letzten drei «Black Mask»-Werken und den auf sie folgenden,
im «Dime Detective Magazine» abgedruckten Geschichten im wesentlichen (bei zwei Ausnahmen) zu seiner bewährten Mischung aus Anpassung und poetischer Unterwanderung zurück. *Zierfische* (*Goldfish*, Juni
1936) schließt in literarischer Hinsicht an *Der Mann, der Hunde liebte* an,
ist aber weniger ‹radikal›, wirkt merklich gezügelt und ordnet sich im
Ganzen den konventionellen Zwängen unter (*Ich hieb ihr unters Kinn...
Ich riß meine Luger heraus*[117]), doch die Freiheiten, die Chandler sich
leistet, nutzt er mit größter Intensität. *Es gab lange schlanke Fische, blit-
zend wie goldene Pfeile, und japanische Schleierschwänze mit phantastischen Schleppen, und Neons, so durchsichtig wie farbiges Glas, winzige
Guppys, grad einen halben Zoll lang, buntscheckige Popeyes mit einem
Filigran wie ein Haubenband, und große schwerfällige chinesische Moors
mit Teleskopaugen, Froschgesichtern und nutzlosen Flossen, die durch das

«Black Mask»-Dinner, 11. Januar 1936. Chandler, stehend, zweiter von links; Dashiell Hammett, stehend, ganz rechts

grüne Wasser watschelten wie dicke Männer zum Mittagessen.[118] Anders als in *Der Mann, der Hunde liebte* wird die gesellschaftliche Realität hier ganz ausgeblendet, ebenso wie in *Der Vorhang (The Curtain*, September 1936), wo die Handlung nur dem Anspruch nach in einer unkonkret bleibenden *ruppigen, unfreundlichen Welt*[119] spielt. Die Beobachtung, daß in diesem Text besonders Raum-Schilderungen den Bereich literarischen Experimentierens abdecken, kann zu dem Eindruck verallgemeinert werden, daß Chandler eine neue Geschichte oft dazu benutzt, sich in einer jeweils anderen poetischen Technik schwerpunktmäßig zu schulen – als wolle er sich umfassend auf kommende, nur seinen Maßstäben verpflichtete Werke (eben die Romane) vorbereiten.

Jedenfalls widmete er sich in *Cherchez la femme (Try the Girl*, Januar 1937) und *Mandarin-Jade (Mandarin's Jade*, November 1937) aufs Neue seinen burlesken Fingerübungen. Beide Stories zählen zu den niveaureichsten und amüsantesten innerhalb des Frühwerks. Anstatt von öden Revolverorgien liest man in *Cherchez la femme* mehr von Typen wie dem *großen Burschen Steve Skalla*, der eine Hand hat, *auf der ich bequem hätte sitzen können*[120], oder einem ehemaligen farbigen Boxer, *der praktisch alles schon aufs Auge gekriegt hatte außer einer Betonbrücke*[121], oder von einem Hotelportier wie diesem: *Er döste. Er trug eine breite Ascot-Krawatte, wie sie um 1880 gebunden worden war, und der grüne Stein in der Nadel war nicht ganz so groß wie eine Mülltonne.*[122] In *Mandarin-Jade* tritt ein Mann auf *namens Lindley Paul, der... zu den oberen Zehntausend gehörte und überall hinging außer zur Arbeit*[123]. Diese Erzählung (die erste für «Dime Detecitve Magazine») ist auch sonst die gehaltreichste aller Chandlerschen Detektivstories. Zum erstenmal tritt der «Fall», diese conditio sine qua non der klassischen Mordgeschichte, in den Hintergrund, und die ewige Frage, *wer denn nun wem eins über den Schädel geschmettert hat*[124], verblaßt angesichts der grundlegend neuen Intention, die Chandlers Kriminalromane leiten wird und die er im Zusammenhang mit dem *Langen Abschied* so erläutert: *Mir war's egal, ob man die Lösung ziemlich deutlich ahnen konnte; wichtig waren mir die Menschen, war mir die seltsame korrupte Welt, in der wir leben.*[125] *Mandarin-Jade* exemplifiziert diese bedeutsame Akzentverlagerung schon hinreichend. Die Rücksichtslosigkeit gegenüber dem Schema, die Herrschaft des Stils über die Handlung und eine *Atmosphäre der Angst*, deren Drohungen immanent wirken, ohne der bellenden «Luger»-Töne zwingend zu bedürfen, machen die Geschichte zu einem Chandler-Roman en miniature.

Die drei Produkte hartgesottenen Erzählens, die Chandler im zeitlichen Umkreis der Arbeit am *Großen Schlaf* publiziert, sind wieder scheinbare Rückschritte. *Blutiger Wind (Red Wind*, Januar 1938), *Der König in Gelb* (März 1938) und *Bay City Blues* (Juni 1938) verfolgen die Linie der erzwungenen Kompromisse, mit Schwergewicht auf der Erfüllung der «hard-boiled»-Anforderungen (*Bay City Blues* wahrt eine Parität noch am ehesten). Die immer brillanter ausfallende Gestaltung der anderen Seite des Widerspruchs und auch Überdrußsymptome – gehäufte Wiederholungen früherer Handlungsmuster, Einfälle und Gags – lassen spüren, daß Chandlers Lehrjahre vorbei sind. In *Blutiger Wind* thematisiert der Detektiv John Dalmas die für seinen Erfinder schon lange evidente Leere und Überholtheit einer Form, von welcher der Autor sich lösen muß, da er ihr überlegen geworden ist. *«Na schön», sagte ich. «Erzählen Sie mir von den Perlen. Bisher hatten wir glücklich einen Mord und eine geheimnisvolle Frau und einen wahnsinnigen Killer und eine heldenhafte Rettung und einen zu einem falschen Bericht verleiteten Polizeibeamten. Nun kommen noch Perlen dazu. Na schön – packen Sie aus.»*[126]

1938 hat Chandler nach gut fünf Jahren harter Arbeit und kargen Lebens sein gestecktes Ziel, *die Romanschriftstellerei* zu erlernen und dabei nicht zu verhungern, erreicht. Im Frühling des Jahres bringt er in einer Zeitspanne von drei Monaten den *Großen Schlaf* zu Papier. Er ist fünfzig, als der Roman 1939 beim Thomas Mann-Verleger Alfred A. Knopf in New York sowie bei Hamish Hamilton in London erscheint und den Anfang eines späten, steilen literarischen Aufstiegs markiert.

Vom «Großen Schlaf» zum «Langen Abschied»: «Die seltsame korrupte Welt»

Da Chandler während der Zeit als lohnabhängiger «pulp»-Autor nicht nur das Handwerk des Schreibens erlernt, sondern sich zugleich ausgiebig mit den literaturtheoretischen Grundlagen und Implikationen seiner Gattung beschäftigt hatte, verfügte er vor der Konzipierung seines ersten Kriminalromans über ein durchdachtes, ausgereiftes theoretisches Konzept, das die Voraussetzung war für sein jetzt praktisch werdendes Unternehmen, *eine mediokre Form herzunehmen und so etwas wie Literatur daraus zu machen*[127]. Diese Überlegungen, konzentriert dargelegt erst in dem 1944 publizierten Essay *Die simple Kunst des Mordes* sowie auch in den 1949 verfaßten *Beiläufigen Anmerkungen zum Kriminalroman*, entwickeln aus der schonungslosen Kritik des bestehenden Kriminalromans die positiven Dogmen, die Chandlers neuen, a n d e r e n Kriminalroman konstituieren und maßgebend sind schon für den *Großen Schlaf*.

Die Auseinandersetzung mit dem *billigen, schäbigen und hoffnungslos bankerotten*[128] Genre zielt in der Hauptstoßrichtung auf dessen klassische Spielart, betrifft dann aber auch den «hard-boiled»-Roman. Daß Chandler den *traditionellen oder klassischen oder streng deduktiven oder auf Logik und Deduktion aufgebauten*[129], von E. A. Poe begründeten analytischen Rätselroman ablehnt, der in den Händen der zahllosen Poe-Epigonen stupide erstarrt und literarisch heruntergewirtschaftet war, ist selbstverständlich. *Dieses durchschnittliche, sagenhaft öde, mühsam aufgepumpte Gebilde aus eklatantem Unrealismus und mechanischer Erfindung*[130] ruft seinen Spott hervor, und die Werke von Autoren wie Arthur Conan Doyle, Gilbert Keith Chesterton, Agatha Christie, Freeman Wills Crofts, Alan A. Milne oder Margery Allingham (um nur einige Namen zu nennen) sind in seinen Augen nicht mehr als *ein ermüdendes Häkelwerk aus öden Indizien*[131], ein stets gleiches *Getüftel mit Zeittabellen und kleinen angekohlten Papierfetzen und dem ewig jungen Problem, wer wohl die hübschen blühenden Erdbeeren unter dem Bibliotheksfenster zertrampelt hat*[132] oder *zu genau welchem Zeitpunkt der zweite Gärtner die preisge-krönte Teerosen-Begonie eingetopft hat*[133]. Indiskutabel sind die lediglich *formalen*[134] Kriminalromane für Chandler einmal, weil sie «das Verbrechen als intellektuelles Erlebnis wiedergaben, nicht aber als menschliche und gesellschaftliche Tragödie»[135], zweitens wegen der Unredlichkeit bzw. Aberwitzigkeit dessen, was sie dem Leser als Logik verkaufen, drittens wegen ihrer vollendeten Leblosigkeit (*Der verbissene Logiker entfaltet so viel Atmosphäre wie ein Reißbrett*[136]), viertens auf Grund ihrer Welt-Ignoranz und schließlich fünftens in Anbetracht ihrer Kunstlosigkeit. *Über all diese Geschichten läßt sich eine sehr einfache Feststellung treffen: sie stellen sich intellektuell nicht wirklich als Problem dar und artistisch nicht wirklich als Roman. Sie sind viel zu vertrackt ersonnen und enthalten zu wenig von dem, was in der Welt vorgeht... Wenn die Autoren dieses Genres Morde beschreiben, wie sie wirklich vor sich gehen, dann müßten sie auch das Leben beschreiben, wie es wirklich vor sich geht. Und da sie das nicht können, tun sie so, als wäre ihr Gefummel wirklich der Lauf der Welt.*[137]

Daß dieser in der ‹hartgesottenen› Antwort auf das *Goldene Zeitalter des Detektivromans*[138] immerhin vorkommt, konzediert Chandler durchaus im Sinne des positiven Kontrasts. Aber indem er die Hammett-Schule als eine charakterisiert, *die realistische Kriminalromane schrieb oder doch zu schreiben versuchte*[139], spricht er in solcher relativierenden Würdigung das Ungenügende ihres Weltbezugs an. Wohl *brachte [Hammett] den Mord zu der Sorte von Menschen zurück, die mit wirklichen Gründen morden, nicht nur, um dem Autor eine Leiche zu liefern... Er brachte diese Menschen aufs Papier, wie sie waren*[140]; doch taten er und seine Mitstreiter dies in für Chandler zu grober, äußerlicher Weise – *mit dem realistischen Stil läßt sich leicht Schindluder treiben... Brutalität ist nicht Stärke, Schnoddrigkeit noch nicht Witz.*[141] Ungeachtet dessen war der «hard-boiled»-Realismus genau wie die klassische Detektivstory (mit der er außerdem die Pointierung des Rätsels und die Gleichgültigkeit gegenüber seinem Inhalt – dem gewaltsamen Tod – teilte) jeder literarischen Überhöhung abgeneigt und verzichtete auf einen *erzählerischen Wert unabhängig vom Element des...* «Kriminalen»[142], was Chandler als «Black Mask»-Schreiber ja zur Genüge zu spüren bekommen hatte.

Die Folgerungen aus der Analyse der in diesem Sinne *bankerotten* Gattung sind klar und logisch. *Der Kriminalroman muß im Hinblick auf Gestalten, Schauplatz und Atmosphäre realistisch sein*[143] – aber nicht nur in phänomenologischer Hinsicht. Gleichzeitig hat er das *Element des Phantastischen*[144] zu enthalten, was künstlerische Ordnung meint und nicht Unplausibilität und *keine phantastischen Gifte oder irrtümlichen Dosierungen usw.*[145]. *Das Rätsel und seine Lösung*, gestaltet nicht in mechanischer Abstraktion, sondern als Tragödie des Inhalts, *daß der Mord ein Akt von unendlicher Grausamkeit ist*[146], sollen im Hinblick auf ihre rein geistige Dimension *nur das* sein, *was ich «die Olive im Martini» nenne, und wirklich gut ist ein Kriminalroman, wenn man ihn auch dann zu Ende läse, wenn man wüßte, daß jemand das letzte Kapitel herausgerissen hat*[147] – was wiederum nur gegeben sein kann, falls er von vornherein *die Qualitäten guter «ernster» Romanliteratur*[148] aufweist.

Gegen Dorothy Sayers polemisierend, deren Meinung zufolge die Detektivstory «die höchsten Höhen literarischer Vollendung... ihrer Voraussetzung nach... gar nicht erreichen»[149] kann, da sie «Unterhaltungsliteratur» sei, stellt Chandler klar, daß *alle Literatur* letzten Endes unterhält und daß *Fräulein Dorothy Sayers* mit ihren halbherzig-unvollkommen zum realistischen Kriminalroman tendierenden Detektivstories deshalb bloß *zweitrangige Literatur* hervorgebracht hat, *weil sie nicht von den Dingen handelte, aus denen Literatur ersten Ranges entstehen könnte*[150] – nicht jedoch deswegen, weil diese selbstverschuldete Beschränkung etwa formimmanent sei. Und Chandler beweist in der Tat vom *Großen Schlaf* bis zum *Langen Abschied* nichts weniger als die sehr reale Möglichkeit der Konnotation von zweitklassiger Form und erstrangiger Literatur. So annonciert er denn auch seinen ersten Kriminalroman zutreffend als *eine Detektivgeschichte... die als Roman auf eigenen Beinen zu stehen versucht*[151].

Die Handlung im *Großen Schlaf* dreht sich um eine sehr komplexe Erpressungsaffäre. Die eigentliche Romanerzählung, die einen Zeitraum von fünf Tagen umfaßt, erwächst aus einer vorausgesetzten Vor-Geschichte, welche der Angelpunkt des Geschehens ist, sich aber erst im Verlauf der aktuellen Handlung Stück für Stück erschließt. Diese Erzählstruktur bewirkt, daß der Leser die ‹sichtbaren› Ereignisse immer nur in bruchstückhafter und unklarer Kenntnis ihrer ‹unsichtbaren› Basis verfolgen kann; das Romanende vereint den vergangenen und den gegenwärtigen Erzählkreis miteinander und verknüpft beide zu einem logischen Ganzen.

Die Vorgeschichte ist diese: Carmen Sternwood, die neurotisch-debile jüngere der zwei Töchter des alten, gelähmten, sterbenskranken Ölmillionärs General Guy Sternwood aus Hollywood, erschoß vor einem Monat den dritten Ehemann ihrer Schwester Vivian, einen ehemaligen Alkoholschmuggler namens Rusty Regan. Die Tat geschah auf einem früheren, mittlerweile verrotteten Ölfeld der Familie. Carmen tötete ihren Schwager, da er ihre pathologisch bedingten sexuellen Annäherungsversuche zurückwies. Sie gestand das Verbrechen anschließend der Schwester; der General erfuhr nichts. Für ihn verschwand Rusty Regan, sein Gesellschafter und einziger Freund, an jenem Septembertag aus unerklärlicher Ursache und ohne Abschied, was ihn sehr schmerzte. – Vivian Regans Ziel war es sofort, ihrem Vater sowohl Regans Ermordung als auch Carmens Täterschaft zu verbergen, um ihn zu schonen. Sie gab ihren Mann bei der Polizei als vermißt aus und wandte sich an den Gangsterboss und Spielclubbesitzer Eddie Mars, der die Leiche durch seinen Killer Lash Canino in einem Gesenk auf dem Ölfeld ‹begraben› ließ – und daraus und aus seinem Wissen sogleich erpresserisches Kapital zu schlagen beschloß. – Da Mrs. Regan aber erst nach dem Tod General Sternwoods über ausreichend lohnenden Reichtum verfügen wird, plant Mars die direkte Erpressung des Millionärs, ohne indes zu wissen, ob dieser die hierfür nötige Voraussetzung erfüllt, das heißt über Carmens Mordtat im Bilde ist. Um sich darüber Klarheit zu verschaffen, inszeniert der Gangster ein Experiment; mit diesem setzt die Romanhandlung ein.

Durch den von ihm protegierten Pornobuchladen-Besitzer und Erpresser Arthur Gwynn Geiger schickt er dem alten Sternwood angebliche Spiel-Schuld-Scheine Carmens zu, damit er dessen prinzipielle Zahlungsbereitschaft testen und dann zur Erpressung im großen Stil ausholen kann. Sternwood jedoch wird durch Geigers Brief nur in einer Hinsicht beunruhigt: er fürchtet, Regan könnte womöglich mit Geiger gemeinsame Sache machen und sich deshalb davongestohlen haben. Er engagiert Marlowe, dem er zwar gleich von seinem verlorenen Schwiegersohn erzählt, den er aber nur beauftragt, sich um Geiger zu kümmern – in der Hoffnung, die Recherchen des Detektivs würden die beruhigende Unschuld Rusty Regans erweisen. Marlowe ahnt etwas von diesem Zusammenhang. – Nachdem er Geiger aufgespürt hat, wird dieser in seinem Haus erschossen, während er pornographische Fotos von Carmen macht; Täter ist der in sie verliebte Sternwood-Chauffeur Owen Taylor, der den Film an sich nimmt und Selbstmord verübt, nachdem er von dem Ganoven Joe Brody überfallen worden ist, welcher die Nacktfotos zu Erpressungszwecken verwenden will, was Marlowe später verhindert. Brody findet den Tod durch die Kugeln Carol Lundgrens, eines homosexuellen Freundes Geigers, der sein Opfer für dessen Mörder hält. – Mit dem Tod Arthur Gwynn Geigers wäre Marlowes Auftrag abgeschlossen; doch um des Generals willen sucht er nach Rusty Regan. Hieran kann weder Eddie Mars noch Vivian Regan gelegen sein, die gegenüber der Polizei und der Öffentlichkeit die Lüge verbreiten, Regan wäre mit Mona, der Frau von Mars, der er einmal freundschaftlich verbunden war, nach irgendwohin durchgebrannt. Aber der kleine Gauner Harry Jones – den Canino auf Weisung Eddie Mars' vergiftet – und Geigers Angestellte Agnes Lozelle verkaufen Marlowe die Information, daß Mrs. Mars (die zeitgleich mit Regan verschwand) von ihrem Mann an einem Ort außerhalb von Los Angeles gefangengehalten wird – zum Zweck der Verschleierung des

Mordfalls Regan. Marlowe befreit Mona Mars und erschießt ihren Bewacher Canino. – Am nächsten Tag bittet Guy Sternwood ihn ausdrücklich, Rusty Regan aufzufinden; der alte Mann weiß nur vom Tod Geigers und möchte in der Gewißheit sterben, daß es seinem alten Freund gutgeht. Marlowe braucht jedoch nicht mehr zu suchen. Carmen, die ihn im Verlauf der Geschichte verführen wollte und von ihm ebenso hart abgewiesen wurde wie seinerzeit von Regan, plant seine Ermordung – am gleichen Ort wie damals und mit demselben Motiv, das ihre erste Bluttat leitete. Marlowe antizipiert den Anschlag und entgeht ihm. Ihm ist nachdrücklich klar geworden, warum und durch wessen Hand Regan sterben mußte. Er unterbreitet seine Erkenntnisse Vivian und fordert sie auf, Carmen in einer Heilanstalt die Chance zu geben, gesund zu werden. Dafür schweigt er. Er will General Sternwood möglichst friedlich ‹einschlafen› sehen. Und weder dieser noch *die Bullen* werden je erfahren, wo und wieso Rusty Regan seinen so friedlosen großen Schlaf schläft ...

Dennoch hat der Roman kein glückliches Ende, im Gegenteil. Sein Schluß bleibt offen, mit bedrohlichen Perspektiven. Denn der gemeingefährliche Hauptverbrecher Eddie Mars, dessen organisiertes, weitschweifiges Gangstertum Carmen Sternwoods im Vergleich dazu private und singuläre Kriminalität machtvoll überlagert, hat weiterhin ungebrochene Handlungsfreiheit. Er wird Vivian nach ihres Vaters Ableben schrankenlos erpressen können, insofern sie auch dann noch verhindern muß, daß die Schwester als Mörderin und sie selber als eine Art Komplicin entlarvt oder bestraft werden. Was Marlowe angeht, so hat er mit Mars' direkter, tödlicher Gewalt zu rechnen, weil er alles weiß. Am Ende des *Großen Schlaf* ist außer den «Fall»-Rätseln nichts gelöst – die schlimmen Verhältnisse dauern fort.

Für jemanden, der das Rätsel-Moment im Kriminalroman nur als *Olive im Martini* auffaßt und ihm eine deutlich sekundäre Rolle zuweist, gestaltet Chandler den «Fall» in diesem Roman wie in den folgenden mit einer intellektuellen und formalen Energie und Meisterschaft, die ihresgleichen suchen. Als Howard Hawks das Buch 1946 verfilmte, sandte er dem Autor ein verzweifeltes Telegramm, in dem er anfragte, ob der Chauffeur Taylor nun durch Mord oder durch Selbstmord ums Leben gekommen sei, worüber Hawks und der Marlowe-Darsteller Humphrey Bogart sich nicht einigen konnten, *und verdammt noch mal, ich wußte's selber nicht*[152]. Chandlers Fälle beim ersten Lesen zu durchschauen ist unmöglich. Man muß sie mit detektivischem Scharfsinn bearbeiten, woraufhin sie sich als brillant konstruierte, makellos gebaute Produkte der Erfindungskraft entpuppen, die die logische Strenge, Ordnung, Geschlossenheit und Harmonie großer Kunstwerke nachahmen, ohne je blasse Konstrukte abstrakt-künstlichen ‹kriminalistischen› Denkens zu sein. Trotz-

Howard Hawks

dem widerspricht die immense, ehrgeizige Sorgfalt, die Chandler dem Rätsel widmet, ein wenig seiner Theorie, obwohl sich die «Fall»-Geschichte niemals verselbständigt, sondern zweitrangig-vordergründige Handlung bleibt, hinter welcher «das Romanhafte» weitaus größere Relevanz beansprucht.

Hauptthema im *Großen Schlaf* ist *die seltsame korrupte Welt*, und im Speziellen die Darstellung des Verfalls und der Morbidität einer reichen Familie – man könnte auch sagen: der Dekadenz des Kapitals. Deren physisches Ab- und Sinnbild ist der millionenschwere, nicht primär aus Altersgründen körperlich verfaulende General *mit den blutleeren Lippen und der scharfen Nase und den hohlen Schläfen und den nach außen gedrehten Ohrläppchen unwiderruflichen Zerfalls. Sein langer, hagerer Körper war – trotz der Hitze – in eine Reisedecke und einen verblichenen roten Bademantel gehüllt. Seine dünnen, klauenartigen Hände lagen mit purpurn angelaufenen Nägeln... auf der Decke.*[153] Diese Hände haben zwar Reichtümer förmlich zusammengeklaubt, ihren Besitzer dadurch indessen ruiniert, der nunmehr darauf verwiesen ist, die nach seinen Worten «*kläglichen Reste eines recht glorreichen Lebens*»[154] an dem Platz zu konservieren, an dem Marlowe seinen Auftrag erhält: in einem künstliche Lebenswärme spendenden Treibhaus. Seine Töchter («*keine von beiden hat mehr Moral als eine Katze. Ich übrigens auch nicht. Kein Sternwood hat je welche gehabt*»[155]), von denen Carmen Repräsentantin psychischer Marodität ist, vertun ihr luxuriöses Dasein in dummer Leere, und Marlowes Bemerkung gegenüber Vivian: «*Für Leute mit Geld scheinen Sie und Ihre Schwester ja nicht viel Vergnügen zu haben*»[156], benennt die Inkongruenz von Kapitalbesitz und Lebensgenuß in dieser Familie.

Ihr lächerlich pompöses Anwesen, dessen Türflügel *eine Herde indischer Elefanten durchgelassen hätten*[157], kann die romanimmanente Ursache dafür weder vergessen lassen noch verbergen – die Revenuequelle der Sternwoods, jenes in metaphorischer Bedeutung unsauber-faulige Ölfeld, das die Geschehnisse im *Großen Schlaf* nicht grundlos in Kapitel 3 und Kapitel 31 kompositorisch umklammert, von Marlowe mit einem *Friedhof* verglichen wird und Schauplatz wie Ursprung des Todes ist. *Dort unten... konnte ich... ein paar von den alten hölzernen Bohrtürmen des Ölfelds erkennen, von dem sich die Sternwoods ihr Geld geholt hatten... Die Sternwoods waren auf den Berg gezogen und schnupperten nichts mehr von dem fauligen Schachtwasser oder dem Öl, aber sie konnten noch immer aus ihren Fenstern gucken und den Quell ihres Reichtums sehen. Das heißt, wenn sie wollten. Ich glaube aber, sie wollten nicht.*[158] Mit innerer Notwendigkeit ereignet sich hier und nirgendwo sonst das Initial-Verbrechen des Romans, das alle weiteren nach sich zieht: denn Carmens Krankheit ist zum einen das traurige Resultat eines inhaltlich auf Kapitalakkumulation gestellten (Familien-)Lebens und zum andern deren perverser, dabei nicht unkonsequenter Reflex – das Mädchen tötet Regan, weil es ihn nicht willkürlich zum Eigentum machen kann, weil er sich in Carmens Augen den gewohnten Prinzipien des unproblematischen (Geld-)Raffens verweigert. Marlowes Satz über sie: *...ein... verdorbenes... Mädchen, das sich weit, weit verlaufen hatte*, und sein Schluß: *Zum Teufel mit den Reichen. Sie waren zum Kotzen*[159], reflektieren den Zusammenhang von Kapitalbildung und Persönlichkeitszerstörung ähnlich wie Vivians Bekenntnis:

«*Wir alle haben solche Anfälle. Zuviel Geld, verstehen Sie?*»[160]

Aber Chandler siedelt den hohen moralischen *Gehalt*[161] des *Großen Schlaf* nicht in der Weisheit an, daß Geld unglücklich macht. *P. Marlowe und ich verachten die oberen Klassen nicht, weil sie immer schön sauber gebadet sind und Geld haben*[162], schreibt er; seine Kritik an ihnen (die unpersönlich ist und zum Beispiel Guy Sternwood als menschlich sympathische Figur existieren läßt) fußt vielmehr auf der Überzeugung, daß die Herkunft kapitalistischen Reichtums eo ipso nie rein, das heißt ehrlich, sondern zwangsläufig schmutzig ist – wie das Sternwoodsche Ölfeld. *«Es gibt keine saubere Methode, um zu hundert Millionen Eiern zu kommen»*[163], formuliert es der Polizist Bernie Ohls im *Langen Abschied*; demzufolge gebiert der aus genuin dreckigen Quellen sprudelnde bürgerliche Materialismus (zumal auf seiner höchsten Stufe) auch kein Glück, sondern nur entsprechend verkommene Agenten, die krank oder zerstört, mehr noch aber korrupt und kriminell sind. Es ist genau diese Äquivalenz, die Chandler zu einem Grundthema seiner Romane macht. Die Handlungsmotoren im *Großen Schlaf* sind Carmen Sternwoods Geld-Neurose und Eddie Mars' Geld-Gier, und Gewalt und Tod im Roman resultieren sämtlich aus materiellem oder immateriellem Besitzstreben.[164] Doch nicht die Herrschaft des Prinzips individueller Prosperität bringt Philip Marlowe zu dem Fazit, *was für ein mieses Leben das war*[165]. Die Welt des Buchs ist *klein, eingeschlossen, schwarz*[166], *naß und leer*[167], weil ihre Figuren ihr Privatwohl unbedenklich auf der Basis von Raub und Mord zu realisieren streben – ohne damit etwas anderes zu tun, als die ökonomischen Regeln bürgerlich-kapitalistischer Konkurrenz zu radikalisieren.

Diese gesellschaftsanalytische Substanz bzw. die erhebliche Erweiterung des Einbezugs der *unangenehm riechenden Welt*[168] sind ein Moment, das den *Großen Schlaf* weit über Chandlers Detektivstories hinaushebt. Ein weiteres ist die neue Behandlung des Faktors «Gewalt». Bis auf eine «Black Mask»-Schlägerei[169] enthält der Roman keinerlei sinnlose und billige Terror-Szenen. Die vorkommenden gewaltsamen Aktionen entwachsen realistisch-natürlich dem Gang der Handlung und erfahren demgemäß eine sachliche statt reißerische Ausstaffierung. Oftmals werden sie von Chandler auch nur im Ansatz entwickelt und dann (mitunter ironisch, als Hieb gegen die «hard-boiled»-Gepflogenheiten) abgebrochen.[170]

Noch gewichtiger erscheint der Umstand, daß das Sterben im *Großen Schlaf* meist nicht direkt beschrieben wird. Die fünf Toten der aktuellen Geschichte (die übrigens der erzählten Zeit von fünf Tagen korrespondieren) kommen mit Ausnahme des sichtbar und ‹direkt› erschossenen Killers Canino alle auf sozusagen unsichtbare Weise um. So werden die Morde an Geiger, Brody und Jones von Marlowe – obwohl er sich immer in unmittelbarer Nähe des Tatorts aufhält – nur g e h ö r t, nicht im Vollzug gesehen und also auch dem Leser als Schauobjekt vorenthalten.[171] In auffälliger Konsequenz verzichtet Chandler auf die Zurschaustellung und (trivial-)literarische Vermarktung des Todes, und er hat es gleichfalls nicht mehr nötig, die Gestorbenen dem primitiven Leserbedürfnis als wüste Sensation vorzuführen. *Harry Jones sah mich über den Schreibtisch hinweg an, mit weitgeöffneten Augen, krampfhaft verzerrtem Gesicht, bläulicher Haut. Sein kleiner, dunkler Kopf war zur Seite gekippt. Er lehnte aufrecht im Sessel.*[172]

Schließlich übertrifft der *Große Schlaf* die Stories in rein ästhetischer Hinsicht. Allgemein ist die Erzähltechnik virtuoser geworden, und Chandlers Praxis, alte, besonders gelungene «pulp»-Werke für seine Romane auszuschlachten, zeigt die erzielten Fortschritte sehr konkret. Das Buch basiert zu großen Teilen auf *Mord im Regen* und *Der Vorhang*[173]; ein Vergleich benutzter Story-Passagen mit ihrer neuen, veränderten Romanfassung veranschaulicht, wie es Chandler gelingt, seine Gestaltungs- und Beschreibungskunst zu verfeinern und *an Eleganz zu gewinnen, ohne an Kraft zu verlieren*[174].

Von weitreichender Bedeutung ist, daß er dem Programm Kriminalroman = Literatur Rechnung trägt, indem er den *Großen Schlaf* wie einen *wirklichen Roman*[175] poetisch strukturiert. Auf Fontanes Diktum: «Realismus ist die künstlerische Wiedergabe (nicht das bloße Abschreiben!) des Lebens»[176], mag man im Zusammenhang mit Kriminalromanen nicht unbedingt gefaßt sein – doch es beschreibt ohne Frage Chandlers dichterischen Anspruch. Sein Realismus versteht sich (ganz im Sinne Flauberts) als verwandelnde, geordnete, ästhetisch gesteigerte und verfremdete Aufnahme von Realität. Und Renate Giudice hat in einer herausragenden, kaum beachteten Untersuchung[177] nachgewiesen, daß er in allen Romanen die kalifornische Lebenswirklichkeit im Verfahren ihrer literarischen Chiffrierung darstellt, in der künstlerischen Absicht, sie dadurch erfahrbarer, erkennbarer, dichter zu machen. Bei Chandler hat das Reale (Außen- und Innenräume, Dinge, Farben, Namen, Gerüche, Lichtverhältnisse, meteorologische Zustände usw.) immer eine sich selbst übersteigende Funktion, eine esoterische Aussageschicht, und ist in keinem Moment nur faktisches, lokales Element eines wirklichkeitstreuen Empirismus.

Zum Beispiel zieht sich im *Großen Schlaf* das Motiv des Regens, der im Eingangssatz zu kommen droht (und realistisch gesehen auch im Oktober für Kalifornien atypisch ist), als ein konstantes, bewußt verwandtes und gestreutes Symbol durch die Handlung – er antizipiert, begleitet und verschleiert die Morde, nach deren Ablauf statt seiner Helligkeit und Sonne die detektivische Aufklärungsarbeit flankieren oder Nebel den undeutlichen Stand der Ermittlungen ins Bild setzt. Sogleich im 2. Kapitel rufen die wuchernden, stinkenden Orchideen in Sternwoods Gewächshaus, deren Stengel *wie frisch gewaschene Leichenfinger* aussehen[178] und in Bezug zu Carmens seltsamem Daumen stehen[179] (*sie nahm ihren Daumen und biß hinein. Es war ein komischer Daumen, dünn und schmal wie ein sechster Finger*[180]), «eine Atmosphäre der Erstickung und Fäulnis hervor, deren symbolische Tragweite auf die moralische Korruption der Welt ver-

Umschlag der Erstausgabe bei Alfred A. Knopf

weist, in die sich Marlowe bis zum Ende des Falles hineingezogen sieht»[181]. Der große weiße Teppich in Vivians Zimmer, dessen Farbe *tot* wirkt[182], deutet im 3. Kapitel auf das mörderische Geheimnis hin, das in geheuchelter Unschuld verborgen werden soll, so wie der Teppich in Geigers Haus dessen Blut verdeckt und in Eddie Mars' Geschäftsbüro ein bräunlicher Teppich[183] an das lange geronnene Blut Rusty Regans gemahnt, an dem Mars verdienen möchte – wobei seine und Geigers Verbindung durch rosafarbene Teppiche sinnfällig wird, die jeweils im Wohnzimmer des Buchhändlers und im Spielclub des Gangsters ausliegen.[184] Dessen Name ist passenderweise identisch mit dem des römischen Kriegsgottes und vielleicht zudem vom englischen Wort «marsh» (Sumpf, Morast) abgeleitet, woraus eine subtile Beziehung zum Grab Regans erwüchse, und Carmens Name «läßt an altrömische Zauber- und Beschwörungsformeln denken. Carmen Sternwood versucht alle Männer... in ihren Bann zu ziehen.»[185] Daß sie und Mars graue Augen besitzen[186], deren Farbe die des Regens, des Todes[187] ist, hat ebenso funktionelle statt empirische Gründe.

Das sind nur einige ausgewählte Beispiele für das kalkulierte Geflecht symbolischer Detail-Bedeutsamkeit, mit Hilfe dessen *Der große Schlaf* ästhetisch-psychologische Wirksamkeit erzielt. Wer Chandlers Romane als Kunstwerke ernst nimmt, kann in jedem von ihnen derartige hintergründige Sinnschichten entdecken. In deren Organisation kulminiert auch die Andersartigkeit der Schreibweise Chandlers gegenüber derjenigen Dashiell Hammetts. Und ist schon seine einfache Realitäts-Rezeption umfassender, tiefer und von höherem Reflexionsniveau getragen als Hammetts Wirklichkeitsnähe, so stellt sein berechnendes Dichtertum den Lehrmeister erst recht in den Schatten.

Der Erfolg, der dem *Großen Schlaf* – als Kriminalroman – bei der Kritik und bei den Lesern beschieden war, veränderte Chandlers Dasein nicht, da der relativ gute Verkauf des Buchs in materieller Hinsicht keinen umwälzenden Aufschwung brachte. Die Chandlers lebten weiterhin in bescheidenen Verhältnissen und abgesehen von losen Kontakten zu wenigen «Black Mask»-Autoren außergewöhnlich zurückgezogen. Ihre Möbel befanden sich zum größten Teil in Lagerhallen, weil sie einfache, möblierte Wohnungen bezogen. Wie auch in den vergangenen Jahren wechselten sie ihre kalifornischen Aufenthaltsorte unaufhörlich, da es Chandler nirgendwo auf Dauer gefiel. Allein zwischen 1939 und 1943 wohnten er und Cissy unter anderem in Riverside, am Big Bear Lake, in La Jolla, im Großraum Los Angeles (Monrovia, Arcadia, Santa Monica, Pacific Palisades, Brentwood Heights), in Idyllwild und Cathedral City.

Raymond Chandler war sich darüber im klaren, daß er aus finanziellen Gründen nach wie vor die eine oder andere Detektivgeschichte verkaufen mußte. 1938 hatte er nach Abschluß des *Großen Schlaf* die Erzählung *Die Tote im See* (*The Lady in the Lake*, erschienen im Januar 1939) geschrieben, und 1939 folgten drei weitere Geschichten: *Perlen sind eine Plage* (*Pearls Are a Nuisance*, April 1939), *Gefahr ist mein Geschäft* (*Trouble Is My Business*, August 1939) und *Ich werde warten* (*I'll Be Waiting*, Oktober 1939). Während *Die Tote im See* und *Gefahr ist mein Geschäft* zweifelsfrei zu Chandlers stärksten Stories zu zählen sind, handelt es sich bei *Perlen sind eine Plage* (gedacht scheinbar als Parodie auf die konventio-

```
Since all plans are foolish and those written
down are never fulfilled, let us make a plan,
this 16th. day of March 1939, at Riverside, Calif.

For the rest of 1939, all of 1940, spring of
1941, and then if there is no war and if there is
any money, to go to England for material.

Detective novels    ( Law Is Where You Buy It )
                     Based on Jade, The Man Who
                     Liked Dogs, Bay City Blues.
                     Theme, the corrupt alliance of
                     police and racketeers in a
                     small California town, outwardly
                     as fair as the dawn.

                     The Brashear Doubloon, a burl-
                     esque on the pulp novelette,
                     with Walter and Henry. Some
                     stuff from Pearls are a Nuisance
                     but mostly new plot.

                     Zone of Twilight A grim witty
                     story of the boss politician's
                     son and the girl and the blending
                     of the upper and underworlds.
                     Material, Guns at Cyrano's,
                     Nevada Gas.
```

Arbeitsplan, März 1939

nelle Mordgeschichte) um ein mißlungenes, flaches und albernes Machwerk, welches von einem viertklassigen Autor geschrieben sein könnte. Als einen anderen, positiven Sonderfall im Gesamtwerk muß man *Ich werde warten* ansehen. Diese stille, traurige, unaufwendige Kurzgeschichte mit ihrem nur beiläufig präsenten kriminalistischen Motiv wirkt wie eine Hemingwaysche Shortstory; sie läßt sich mit keiner anderen Erzählung Chandlers vergleichen.

Im März des Jahres 1939 entwirft er in Riverside einen detaillierten Arbeitsplan für die nähere und fernere Zukunft, der Aufschluß darüber erteilt, daß seine literarischen Ziele bereits zu diesem Zeitpunkt über den Detektiv- bzw. Kriminalroman hinausreichen. Er will nur noch ein paar Bücher dieses Genres verfassen, sich durch sie eine hinreichende mate-

If advisable, try Goldfish for
material for a fourth.

Dramatib novel   English Summer. A short, swift,
tense, gorgeously written story
verging on melodrama, based on
my short story. The surface theme
is the American in England, the
dramatic theme is the decay of
the refined character and its
contrast with the ingenuous honest
utterly fearless and generous
American of the best type.

Short-longstories   A set of six or seven fantastic
Seven From the Stars stories, some written, some
Seven from Nowhere.
Seven Tales from do. thought of, perhaps one brand
new one. Each a little different
in tone and effect from the others.
The ironic gem, the Bronze Door,
the perfect fantastic atmosphere
story The Edge of the West, the
spooky story, Grandma'sbey, the
farcical story, The Disappearing
Duke, the Allegory Ironic, the
Four Gods of Bloon, The pure
fairytale The Rubies of Marmelon.

rielle Absicherung schaffen und dann, möglichst für immer, zur «wirklichen» Literatur übergehen. Aus der wohl um 1937 entworfenen Romanze *Englischer Sommer*[188] möchte er einen *dramatischen Roman* machen und außerdem *eine Gruppe von sechs oder sieben phantastischen Geschichten* vorlegen. *Die drei Kriminalgeschichten sollten in den nächsten beiden Jahren fertig werden, so gegen Ende 1940. Wenn sie mir genug einbringen, daß ich nach England ziehen, die Kriminalschriftstellerei vergessen und es mit «English Summer» und den Phantastischen Geschichten versuchen kann, ohne mir Sorgen machen zu müssen, ob sich diese auch auszahlen, dann gehe ich dran... Wenn «English Summer» groß ankommt... dann bin ich fürs Leben ein gemachter Mann. Von da an werde ich zwischen dem Phantastischen und dem Dramatischen abwechseln, bis mir ein neuer Typus einfällt. Oder ich mache vielleicht, bloß so zum Spaß, wieder einen liebenswürdigen kleinen Krimi.* [189]

Daß Chandler diese Pläne, die Cissy – liebevoll – seine «nutzlosen Träume» nannte [190], nicht verwirklichte, hat seine Ursache darin, daß sich sein Selbstbewußtsein, allein mit seinen *liebenswürdigen kleinen Krimis* der gute, ernsthafte Schriftsteller zu sein, der zu sein er anstrebte, mit der Zeit verläßlich stabilisierte. Dann merkte er natürlich mit sicherem Instinkt, daß er im «Dramatischen» oder «Phantastischen» (jedenfalls wie er es anpackte) nicht seinem Wunsch gemäß am Platz war. *Englischer Sommer* verschwand so für zwanzig Jahre in der Versenkung, ehe Chandler die Sache noch einmal vornahm. Und was das Feld der «phantastischen Geschichten» anbelangt, so erblickten ihrer nur zwei das Licht der Welt, von denen die erste, *Die Bronzetür*, im November 1939 veröffentlicht wurde. Sie handelt von einem dem Alkohol zugetanen, verrückt werdenden Mann, der eine Bronzetür erwirbt, hinter welcher das Nichts gähnt, weshalb sich der Mann auch mit ihrer Hilfe seiner häßlichen und tyrannischen Ehefrau samt ihres unleidigen Hundes entledigt, am Ende aber während eines polizeilichen Verhörs selber über die Türschwelle ins Jenseits fällt. Das hat einen gewissen Unterhaltungswert, ist aber literarisch ohne Belang; und Chandler spürt es, denn erst 1951 kommt er mit einem neuen Werk dieser Richtung heraus.

Im April 1939 beginnt er *Lebwohl, mein Liebling* und hat die erste Fassung im September fertig, obwohl er in dieser Zeit außer an Erzählungen auch noch an einem anderen Roman arbeitet, der *Toten im See*, welcher auf der gleichbetitelten Story beruht. Der bevorstehende Kriegsausbruch lähmt und beunruhigt ihn. *Die Anstrengung, mir den Krieg aus den Gedanken zu halten, hat mich geistig zu einem Siebenjährigen schrumpfen lassen.* [191] Ende September meldet er sich bei der kanadischen Armee, wird indes wegen seines Alters abgelehnt. Er schreibt *Lebwohl, mein Liebling* von Grund auf um, und das Buch erscheint im August 1940.

Anders als im *Großen Schlaf* ist die Handlung [192] in Chandlers zweitem Roman zweigeteilt – in das Geschehen der eigentlichen Geschichte bzw. des «Falles» und in eine Hintergrund-Erzählung, die aber nicht nur als kulissenhafter Rahmen, sondern für die umgekehrt die Roman-Story als Hülle fungiert. Die Vordergrundhandlung erzählt von dem ungeschlachten, körperlich riesigen Bankräuber Moose Malloy, der vor acht Jahren von einem unbekannten Verräter an die Polizei ausgeliefert wurde und nach Verbüßung der Haftstrafe seine frühere Geliebte Velma Valento sucht, die er nach wie vor liebt, obwohl sie den Kontakt mit ihm abbrach. Malloys hartnäckige, von unbeirrbarer Treue diktierten Bemühungen, *die kleine Velma* zu finden, verlaufen tragisch und haben seinen und ihren

sowie den gewaltsamen Tod von vier weiteren Personen zum Resultat. Seine Nachforschungen, die ihn ohne richtige Absicht zwei Menschen töten lassen, bleiben erfolglos; doch Marlowe, der Malloy am Anfang zufällig begegnet und aus Anteilnahme an seinem Schicksal die Suche nach Velma auf eigene Faust (und Rechnung) durchführt, ermittelt, daß die ehemalige Nachtclubsängerin Velma Valento seit fünf Jahren die Gattin des Multimillionärs Lewin Lockridge Grayle aus Bay City ist – und daß sie es war, die Moose Malloy seinerzeit wegen der ausgesetzten hohen

Belohnung verriet. Mrs. Grayle alias Velma, die ihr Äußeres verändert und mit allen Mitteln ihre vormalige Identität zu verschleiern versucht hat, gerät in Panik, als Malloy entlassen wird und sich außer ihm obendrein noch Marlowe an ihre Spur heftet. Sie beauftragt den mit ihrer Geschichte vertrauten und von ihr durch Geld zum Schweigen veranlaßten Lebemann Lindsay Marriott, den Detektiv zu beseitigen, erschlägt ihren Mitwisser, da er die Tat nicht kompromißlos ausführt, und erschießt schließlich Moose Malloy in Marlowes Wohnung. Sie flieht, ohne daß Marlowe sie hindert, und taucht in ihrem alten Beruf als Tingeltangelmädchen unter. Ein Zivilfahnder entdeckt sie; sie tötet ihn und begeht anschließend Selbstmord.

Im Unterschied wiederzum zum *Großen Schlaf* enthält die «Fall»-Geschichte in *Lebwohl, mein Liebling* nicht das zur Darstellung bestimmte Romanthema. Sie besitzt zwar in der Entwicklung eines Dramas, das um die klassischen Pole Liebe, Geld, Verrat und Tod kreist, ernste Relevanz, berührt jedoch Chandlers Anliegen in diesem Buch nur am Rande. Wohl wiederholt sich in ihr die aus dem ersten Roman vertraute Kritik an den Reichen, hier der Familie Grayle, deren innerer Zustand ähnlich verkommen ist wie der der Sternwoods und sein nur scheinbar widersprechendes Komplement ebenfalls in der protzig-komischen, weil absolut unbeherrschten Veräußerlichung des Reichtums hat (*Das Haus... war kleiner als der Buckingham-Palast... und hatte wahrscheinlich weniger Fenster als das Chrysler Building*[193]). Doch werden die zwanzig Millionen Dollar schweren Grayles nicht mehr als private Oberschichtfamilie beleuchtet, sondern – abstrakter – als Repräsentanten der Staat und Gesellschaft beherrschenden Klasse behandelt. Der Blick gilt weniger ihrer zerfallenen Infrastruktur denn den Verhältnissen, denen sich ihre Macht verdankt. *«Wir hätten sie nie verurteilen können, nicht bei... ihrem Geld»*[194], stellt der Kommissar Randall nach Mrs. Grayles Selbstmord lakonisch fest, denn: *«In dieser Stadt ist das Recht auf seiten dessen, der zahlt.»* (Marlowe)[195] Und sie, die Stadt, von Chandler mit dem schon früher benutzten Pseudonym «Bay City» versehen – wohinter sich Santa Monica, eine eigenständige Stadt im Westen von Los Angeles verbirgt –, ist als lokaler Rahmen der Binnenhandlung um Moose Malloy und Velma Valento das Sujet des Romans, in dem Chandler seine im *Großen Schlaf* vorgenommene Anatomie der Geld-Klasse zur grundsätzlicheren Kritik des «Systems» erweitert.

Dieses nun ist in Bay City geprägt durch unbeschränkte Kapitalherrschaft und institutionalisierte Korruption. Die Stadt befindet sich im Besitz von Leuten wie Mr. Grayle, anderen Unternehmern und zuvörderst einem gewissen Laird Brunette, einem Spieler, der mit dem Fall Malloy kaum etwas zu tun hat und dennoch eine Hauptperson des Buchs ist.

Brunette, jener Mischtyp aus Gangster und normalem Businessman, den im *Großen Schlaf* bereits Eddie Mars verkörperte, hat sich die Staatsmacht in Bay City – den Bürgermeister, die Justiz, den Polizeiapparat, an dessen Spitze ein Mann mit dem sprechenden Namen Wax (Wachs) steht – durch direkte Bestechung verfügbar gemacht und betreibt in großer Ruhe seine illegalen Geschäfte. Er ist alles andere als ein ruchloser, im dunkeln praktizierender Verbrecher («*So fürchterlich sehen Sie gar nicht aus*», findet Marlowe[196]), sondern ein höflicher, manierlicher Kapitalist, der gern ohne, aber falls nötig jederzeit mit Gewalt die Rahmenbedingungen seines Wirkens positiv gestaltet. «*Diese Unternehmer sind was ganz Neues. Wir reden von ihnen wie von den Verbrechern der alten Schule... Vor allem aber sind sie Geschäftsmänner. Was sie tun, tun sie wegen dem Geld. Genau wie andere Geschäftsmänner. Manchmal kommt ihnen irgendwer häßlich in die Quere. Na ja. Aus. Aber sie überlegen sich das sehr genau, bevor sie so was tun*», kommentiert der Ex-Polizist Red.[197]

Brunettes offensichtlich gewöhnlicher, gesellschaftsintegrierter Status spiegelt die organische Verquickung von Geschäft und Kriminalität unter der Schirmherrschaft des demokratischen Rechtsstaates wider, wie sie für das System kapitalistischer Marktwirtschaft in Bay City typisch ist – einer «*liebenswerten Stadt. Genau wie Chicago*» (Marlowe)[198], die von Chandler als Synonym für ganz Los Angeles, die USA schlechthin, ja die Welt verstanden wird. «*Sie wissen doch, was los ist mit diesem Land, was, Baby?... Kein Kerl kann ehrlich bleiben, auch wenn er sich noch so anstrengt... Man muß das Spiel auf die dreckige Tour mitmachen, oder man kriegt nichts zu essen... Wollen Sie wissen, was ich denke? Ich denke, wir sollten diese kleine Welt von Grund auf noch mal neu machen.*»[199] Aber dies meinen in Bay City bestenfalls die Bürger, die von dem so gemischten (Karten-)Spiel – eine An-spielung auf die «New Deal»-Wirtschaftsprogramme der dreißiger Jahre – trotz Mitmachens nichts haben, wie Hemingway, der Polizist; *die Leute an der Spitze*, Nutznießer und alleinige Gewinner, sind zufrieden.

Ich halte «*Farewell, My Lovely*» für die *Spitze*[200], meinte Chandler 1949, als er schon fünf Romane veröffentlicht hatte. Hinsichtlich seiner inhaltlichen Substanz und seiner ästhetischen Bauart (deren Prinzipien denjenigen des *Großen Schlaf* in allen Punkten entsprechen) kann das Buch zweifelsohne überzeugen. Des Autors positive Einschätzung mag sich aber an einem speziellen Kriterium orientieren – dem Umstand nämlich, daß *Lebwohl, mein Liebling* womöglich der humorvollste Roman ist, den Chandler überhaupt geschrieben hat.

In ihm begegnen sich die beiden Antipoden, die seine Prosa ab *Erpresser schießen nicht* vereint bestimmen, auf besonders krasse Weise: Tragödie und Komödie – die Poesie des Todes und die Ironie. Von Mord und somit vom Todernsten handelt diese Literatur fortwährend, und dennoch ist ihr Ruf auch der einer selten erreichten Qualität auf dem Gebiet humoristischer Erzählkunst. Chandlers berühmte «sehr ernste Scherze», hervorgebracht von einer Spezies des sardonischen Witzes, die seine Epigonen bis heute vergeblich zu imitieren trachten, haben dabei niemals den Auftrag, Härte und Ernst des Inhalts des Erzählten zu mildern, mit Larmoyanz zu überspielen und augenzwinkernd zu versöhnen – selbst dort nicht, wo sie sich darauf beschränken, in Dickensscher Diktion das Heitere und das Groteske des Gewöhnlichen herauszuspüren und es satirisch zu bespötteln. *Wir gingen drei Stufen zum eigentlichen Wohnraum hinunter. Der Teppich kitzelte mir fast die Knöchel. Dominierend war ein großer Konzertflügel... Mr. Lindsay Marriott stellte sich in der Kurve des Flügels in Positur... Ich zündete mir eine Camel an, blies den Rauch durch die Nase und betrachtete ein Stück schwarzes glänzendes Metall auf einem Sockel. Es war eine voluminös ausladende, glatte Kurve mit einer flachen Senke darin und zwei Nippeln auf der Kurve. Ich starrte das Ding an, und Marriott sah es. «Nicht uninteressant, das Stück», sagte er geringschätzig, «ich hab's erst vor kurzem aufgetrieben. Asta Dials ‹Frühlingsfee›.» – «Ich dachte, es wären Klopsteins ‹Zwei Warzen auf einem Popo›», sagte ich.*[201]

Diese Ironie ist durchgehend Angriff und Destruktion: ein souveräner intellektueller Kommentar, der seine Objekte – bevorzugt: Dummheit, Anmaßung, Macht und Gewalt – erkennt und so relativiert. *Er war die Art Bulle, die jeden Abend auf den Gummiknüppel spuckt, statt ein Nachtgebet zu sprechen... Breitbeinig stand er vor mir, meine offene Brieftasche in der Hand. Mit dem rechten Daumennagel kratzte er auf dem Leder herum, als hätte er seinen Spaß daran, Dinge kaputtzumachen. Auch kleine Dinge, wenn er nichts anderes in die Finger kriegte. Aber Gesichter würden ihm wahrscheinlich mehr Spaß bringen.*[202] Anstatt den Ernst der Wirklichkeit spaßhaft bloß zu glossieren, also ihm Anerkennung zu gewähren, weist Marlowes/Chandlers Witz ihm immerfort das Lächerliche und Unvernünftige seines Wesens nach und spricht ihm dergestalt den Herrschaftsanspruch ganz einfach ab. Die Ironie als aufsässige Rettungs- und Verweigerungsinstanz im ernsten Leben: nicht nur in *Lebwohl, mein Liebling* wird sie dem Leser exemplarisch vorgeführt und zur wehrhaften Nachahmung anempfohlen.

Raymond Chandler steckte schon mitten in der Arbeit an seinem nächsten Roman *Das hohe Fenster* (*The High Window*), als das Buch in den Handel kam und so gute Kritiken erhielt, daß Hollywood anfing, sich für den Autor zu interessieren. Unter dem Titel «The Falcon Takes Over» wurde *Lebwohl, mein Liebling* 1941 als erstes seiner Werke verfilmt, allerdings nur als Teil einer Serie um einen Detektiv namens «The Falcon» und in einer Weise, daß von der Vorlage nicht viel übrigblieb. 1944 folgte eine zweite, bessere und textverwandtere Adaption («Murder, My Sweet») und schließlich 1975 eine dritte («Farewell, My Lovely»), in der Robert Mitchum Marlowe zu spielen versucht und ihn in einen schläfrigen Rentner verwandelt.

Das hohe Fenster gelangte Anfang 1942 zum Abschluß. Während der Beschäftigung mit dem Manuskript hatte Chandler seine vorläufig letzte Detektivstory verfaßt, *Kein Verbrechen in den Bergen* (*No Crime in the Mountains*, publiziert im September 1941), eine blendend geschriebene Mordgeschichte, die sich vollkommen auf dem Niveau der ersten beiden Romane bewegt. Bezüglich des dritten nun äußert er gegenüber Blanche Knopf, der Frau seines amerikanischen Verlegers: *Ich fürchte, das Buch wird für Sie nicht zu gebrauchen sein. Keine Handlung, keine sympathischen Gestalten, kein gar nichts. Der Detektiv tut nichts.*[203] Aber das Gegenteil von alldem trifft zu. *Das hohe Fenster* setzt sich zunächst einmal aus gleich zwei parallel laufenden Handlungssträngen zusammen, deren einer mit einer verwickelten Münzfälschungsaffäre befaßt ist und deren zweiter, entscheidenderer aus der Roman-Vorzeit stammt und das individuelle Schicksal einer sehr wohl *sympathischen Gestalt* zum Inhalt hat, dessen sich *der Detektiv*, der eine Menge *tut*, hilfreich annimmt.

Zu Beginn des Romans wird Marlowe von der reichen Mrs. Elizabeth Murdock aus Pasadena (gelegen im Osten von Los Angeles) mit der Auffindung einer gestohlenen, sehr wertvollen Münze beauftragt – der «Brasher-Dublone», deren Name auch ursprünglich den Buchtitel abgeben sollte. Die Aufklärung der Angelegenheit ergibt, daß Mrs. Murdocks Sohn Leslie das Stück entwendete und es wegen finanzieller Probleme (er hat hohe Schulden bei dem mächtigen Casinobesitzer Alex Morny) dem Lebemann Louis Vannier überließ, der die Münze für ein großangelegtes Fälschungsgeschäft benutzen will. Vanniers Vorhaben mißglückt, und nachdem er den alten Münzhändler Morningstar und den Detektiv Phillips umgebracht hat, weil sie ihm in die Quere gekommen sind, wird er am Ende von Leslie Murdock getötet, der einen Selbstmord seines Opfers fingiert und der Polizei entgeht, zumal Marlowe darauf verzichtet, ihn zu verraten.

Doch die Geschichte um die «Brasher-Dublone» ist nur der erzählerische Steigbügel für die Aufdeckung eines anderen und schwerwiegenderen Falls. Marlowe begegnet im Haus seiner rohen und bärbeißigen Klientin deren Sekretärin Merle Davis, einem sensiblen, zerbrechlichen, neurotisch verwirrten jungen Mädchen, welches von ihrer tyrannischen Dienstherrin grausam schikaniert wird und dieser gegenüber eine hündische Angst und Unterwerfungsbereitschaft an den Tag legt. Der perfide Grund für das Knechtschaftsverhältnis erschließt sich Marlowe während seiner «Brasher-Dublone»-Ermittlungen. Er resultiert daraus, daß Merle

Davis von ihrer Arbeitgeberin in dem auch von ihr selbst geteilten Glauben gehalten wird, sie hätte Elizabeth Murdocks ersten Ehemann Horace Bright vor acht Jahren ermordet, indem sie ihn aus seinem Bürofenster stieß. Die durch Marlowe ans Licht kommende Wahrheit ist aber, daß Mrs. Murdock diese Tat beging (aus Eifersucht und wegen einer Lebensversicherung über 50000 Dollar), den Mord jedoch als Unfall zu verschleiern wußte und ihn zugleich ihrer Sekretärin anlastete – die zwar am fraglichen Tag den ihr nachstellenden Bright im Zuge einer Kurzschlußreaktion tatsächlich aus dem *hohen Fenster* drängen wollte, aber zuvor in Ohnmacht fiel, woraufhin die dazukommende Ehefrau den Anschlag zum eigenen Nutzen vollendete. Marlowe entdeckt die wahren Hintergründe des Fenstersturzes, da damals zufällig ein Mann den Vorgang fotografierte: Louis Vannier, der Mrs. Murdock jahrelang erpreßte und in dessen Wohnung sich nach seinem Tod die Fotos finden, mit deren Hilfe Marlowe die echte Mörderin entlarven kann. Aber auch sie liefert er nicht der Staatsgewalt aus; sein Interesse besteht nur darin, Merle Davis für immer aus den Fängen ihrer Herrin zu befreien. Er bringt das verstörte Mädchen, das die Zusammenhänge nicht zu erfassen vermag, fort aus Los Angeles zu ihren Eltern.

Diese Tat der Erlösung soll nach Chandlers Absicht über eines nicht hinwegtäuschen: daß sie nichts weiter als einen Akt zufälliger, vereinzelter, individueller Befreiung darstellt. Merle Davis, die abhängige, materiell mittellose, gegen geringen Lohn[204] ausgebeutete Dienstmagd, hat das Glück, von einem Mann wie Marlowe aus ihrer Lage errettet zu werden. Doch ist das Herrschafts- und Klassenverhältnis zwischen ihr und Mrs. Murdock im *Hohen Fenster* nur der Brennspiegel allgemeingesellschaftlicher Strukturen, innerhalb derer die Auflösung der sie formenden Antagonismen unmöglich ist. Denn in der Tat kann die Zusammenschau der kapitalistischen Klassen, die Konfrontation von Herrschenden und Beherrschten, Nichtarbeitenden und Arbeitenden, Verdienenden und Dienenden und «die krasse Gegenüberstellung von Reichtum einerseits... und Armut andererseits»[205] in diesem Roman als Chandlers Hauptzweck erkannt werden. Und zum erstenmal beschäftigt er sich nicht wie bislang primär mit der oberen, sondern gleichermaßen auch mit der unteren Abteilung der kalifornisch-amerikanischen Gesellschaft.

Jene obere Abteilung repräsentieren neben Mrs. Murdock, zu deren Besitz *ein etwa zweitausend Quadratmeter großer Rasen* gehört[206], Figuren wie Louis Vannier oder Alex Morny und seine mondäne Frau Lois, ein primitives Geldleute-Ehepaar, dessen Residenz den üblichen Luxus aufweist, also *kaum mehr als vierzehn Zimmer und wahrscheinlich nur ein Schwimmbecken*[207]. Die andere Hälfte der Menschheit im *Hohen Fenster* hat, wie Merle Davis, nichts außer der eigenen Arbeitskraft und schlägt sich mühsam und fruchtlos durchs notreiche Leben – seien es nun ausgelaugte, ackergaulartige Fahrstuhlführer, die zwölf Stunden am Tag arbeiten[208], oder wie Hunde gehaltene Chauffeure schwerreicher Männer[209] oder herumkommandierte Barkeeper in prächtigen Spielclubs, denen die Herrschaft für einen mißratenen Drink schreiend die passende Antwort ins Angesicht schleudert, *«so wie Herren sich über solche Dinge mit einem unterhalten. So wie große, betrunkene Direktoren uns gern auf unsre kleinen Fehler aufmerksam machen.»*[210]

Und dann gibt es Bunker Hill, *die verlorene Stadt*[211], gleichsam das Zentrum der «Underdogs» im *Hohen Fenster*, wo die Behausungen schäbig und dreckig sind, die Menschen ohne Hoffnung ihr trostloses Dasein fristen, und auf Balkonen *alte Männer mit Gesichtern* sitzen, *die einen an verlorene Schlachten erinnern* und *ihre zerlöcherten Schuhe in die Sonne*[212] strecken. *Aus den Häusern kommen Frauen, die jung sein sollten, aber Gesichter wie abgestandenes Bier haben; Männer mit tief in die Stirn gezogenen Hüten und schnellen Augen, die über der hochgehaltenen Hand, die die Streichholzflamme abschirmt, die Straße absuchen; verbrauchte Intellektuelle mit Raucherhusten und ohne Geld auf der Bank; Polizisten in Zivil mit granitharten Gesichtern und unbewegten Augen; Kokainsüchtige und Drogenhändler; Leute, die nach nichts Besonderem aussehen und es wissen, und hie und da sogar Leute, die wirklich zur Arbeit gehen. Aber die kommen früh heraus, wenn die breiten, rissigen Trottoirs leer und noch taufeucht sind.*[213] Hier, in den «Florence-Apartments», einer verrotteten Wohnstatt für zahlungsbeschränkte Kundschaft, trifft Marlowe, hinter *trüben Türen, mit trüben Nummern bemalt*[214], auf die ganz unten gelandeten Opfer der kalifornischen Klassengesellschaft: magere, wütende Hausverwalter, deren Kopf *bis oben mit dumpfen Gedanken angefüllt*[215] ist, vollalkoholisierte, verwahrloste Arbeitslose mit ihren geprügelten Freundinnen[216], kleine, gehetzte Privatdetektive (George Anson Phillips), die auf der Flucht vor Kreditinstituten sind, aber niemals mehr zahlen müssen, weil sie ermordet in ihrem Badezimmer liegen – kaltgestellt von den Großen (Vannier), die im Roman Urheber aller Verbrechen sind.

Das schärfste und konzentrierteste Gegenbild zu dieser Sphäre des Elends ist die Gegend, wo Alex Morny seinen Club hat, «Idle Valley», eine fiktive, nördlich von Los Angeles angesiedelte, durch Polizeigewalt abgeriegelte und bewachte Ansammlung feudaler Privatgrundstücke. *Hinter der Kurve breitete sich das ganze Tal vor mir aus Tausend weiße Häuser, an und auf den Hügeln gebaut, zehntausend erleuchtete Fenster, und die Sterne, die höflich über ihnen hingen und ihnen nicht zu nahe kamen, wegen der Polizeistreifen.*[217] Die selbstverständliche Koexistenz dieses gewaltsam exklusiv gehaltenen Eldorados einer – durch einen Polizeibeamten so bezeichneten – «*Bande von reichen Arschlöchern*»[218] und der *verlorenen Stadt* ist die ins Extreme gesteigerte Ausgestaltung des gesellschaftlichen Grundwiderspruchs, der *Das hohe Fenster* leitmotivisch durchzieht. – «*Und das nennt man Demokratie*»[219], sagt Marlowe in Idle Valley zu jenem Polizisten; und beide reden über die Möglichkeit der Beseitigung demokratischer Verhältnisse: «*Die Schwierigkeit mit den Revolutionen ist*», sagte er, «*daß sie in die Hände der falschen Leute geraten.*» – «*Ganz meine Meinung*», sagte ich.[220]

Wie schon im Fall der Verfilmungen von *Lebwohl, mein Liebling* nahm Chandler auch auf den Film, der sehr bald nach dem *Hohen Fenster* gedreht wurde («Time to Kill», 1942; eine weitere Version – «The Brasher Doubloon» – schloß sich 1947 an), keinen Einfluß. Aber die filmische Bearbeitung seines folgenden Romans – des letzten vor Antritt des Engagements in Hollywood – versuchte er maßgeblich mitzubestimmen, vermutlich deswegen, weil ihm die bisherigen nach seinen Werken entstandenen Kinofilme nicht besonders zusagten; und so begann er 1945 mit einem Drehbuch zu *Die Tote im See*, beendete es jedoch nicht, da er sich bei der Arbeit langweilte und außerdem Krach mit dem Produzenten bekam; das Buch wurde von einem anderen Autor fertiggestellt und von Chandler für rundum mißglückt befunden. Wahrhaftig ist der Film «The Lady in the Lake» (1946) ein trübes Opus, das mit seinen sinnlosen Verstümmelungen und Verdrehungen des Originalstoffs, seinen dümmlichen Dialogen und seinen unerträglichen Kitschszenen nicht entfernt an Chandler erinnert. Dennoch war es ein Kinoerfolg, und überdies ging es in die Filmgeschichte ein; denn der Regisseur Robert Montgomery bediente sich einer seinerzeit neuen Technik, insofern er beinahe die ganze Story mit subjektiver Kamera, das heißt mit Marlowe als Kamera-Erzähler, vorbringen ließ. Dies hat zur Folge, daß der Detektiv (im Film auch noch ein Schriftsteller) in seiner Funktion als Kamera weitgehend nicht in Erscheinung tritt und als sichtbare Person überwiegend getilgt wird – ein Einfall, der natürlich hart an die Roman- und Film-Substanz geht (man stelle sich Hawks' «The Big Sleep» ‹ohne› Bogart vor) und demonstriert, daß sich Montgomery für sein revolutionäres Vorhaben kein unpassenderes Objekt hätte aussuchen können als ausgerechnet eine Philip Marlowe-Geschichte. So war es kein Wunder, daß Chandlers Begeisterung reichlich matt ausfiel. *Die Kamera-Auge-Technik in «Lady in the Lake» ist in Hollywood ein uralter Hut. Jeder junge Schriftsteller oder Regisseur hat sich daran versuchen wollen. «Machen wir doch aus der Kamera eine Handlungsfigur» – der Satz ist praktisch an jedem Mittagstisch in Hollywood irgendwann schon einmal gefallen. Ich habe einen Burschen gekannt, der wollte die Kamera zum Mörder machen; was aber ohne einen Riesenbetrug nicht funktionieren würde. Die Kamera ist dafür zu ehrlich.*[221]

Der Roman *Die Tote im See* erschien im November 1943. Mit Unterbrechungen schrieb Chandler vier Jahre an diesem Buch, in welchem er wieder einige seiner Geschichten verwendete (*Bay City Blues; Die Tote im See; Kein Verbrechen in den Bergen*), nachdem er beim *Hohen Fenster* bis auf den Einbau einer kleinen Partie aus *Der König in Gelb* auf die Benutzung vergangener Texte verzichtet hatte. – Marlowe sucht nach der Ehefrau von Mr. Derace Kingsley aus Beverly Hills, Geschäftsführer eines großen Kosmetik-Unternehmens in Los Angeles. Crystal Kingsley ist von ihrem Aufenthalt in den San Bernardino-Bergen, wo das Paar in der Nähe des Puma Lake ein Wochenendhaus und den Privatsee Little Fawn Lake besitzt, nicht wie angekündigt zurückgekehrt. Ihr Mann hat statt dessen ein Telegramm aus El Paso erhalten, in dem seine Frau ihm mitteilt, sie werde sich in Mexiko scheiden lassen und ihren Liebhaber Chris Lavery heiraten. Diesen Lavery aber traf Kingsley vor kurzem in Los Angeles, und er gab an, Crystal Kingsley vor zwei Monaten das letzte Mal gesehen und keinen Kontakt mehr mit ihr zu haben. – Sie ist auch seit einem Monat tot. Marlowe wird ihre stark verweste Leiche im Little Fawn Lake finden – die Tote im See jedoch fälschlicherweise als Muriel Chess identifizieren, die gleichfalls verschwundene Frau des Kingsley-Verwalters Bill Chess, deren Kleidung die Ermordete trägt. Muriel Chess hingegen lebt. Sie hat einen Raubmord an Mrs. Kingsley begangen (dessen Motiv auch Eifersucht war, denn Crystal Kingsley hatte Muriels Mann verführt), die Bluttat als ihren eigenen Tod bzw. Selbstmord konstruiert und ist mit dem Geld, dem Schmuck, dem Auto und den Kleidern des Opfers geflohen, um fortan in der Identität Crystal Kingsleys zu leben und hiervon materiell zu profitieren. Unmittelbar nach dem Verbrechen begegnete sie aber in San Bernardino Chris Lavery, der sie als Muriel Chess kennt und deshalb zur Gefahr für ihr makaberes Spiel wurde. Sie verführte ihn, reiste mit ihm nach El Paso, sandte das gefälschte Telegramm an Kingsley und folgte Lavery dann in dessen Wohnort Bay City, um ihn unter Kontrolle zu halten. – In Wahrheit heißt Muriel Chess Mildred Haviland. Sie hat schon vor anderthalb Jahren einen ersten heimtückischen Mord verübt und tötete als damalige Sprechstundenhilfe und Geliebte des einflußreichen High Society-Arztes Dr. Almore aus Bay City dessen Ehefrau Florence durch Injizierung einer Überdosis Morphium. Hiernach flüchtete sie aus Angst vor ihrem geschiedenen Mann, dem Kripo-Lieutenant Degarmo von der Bay City-Polizei, obgleich dieser, der sie auf eine dumpfe Weise noch immer liebt, ihre Tat deckte und als einen Selbstmord deklarierte; in Riverside lernte Mildred Bill Chess kennen und heiratete ihn. – Als nun Marlowe die Suche nach Mrs. Kingsley aufnimmt und Chris Lavery verhört, bringt sie den Mann um, um das Risiko einer Entlarvung als Mu-

riel Chess auszuschalten. Sie will ebenso Marlowe beseitigen, der sie während der Überbringung einer Geldsumme, welche Mildred von ihrem «Ehemann» Derace Kingsley gefordert hatte, doppelt enttarnt. Marlowe wehrt sich und wird von Degarmo niedergeschlagen, der sich in Mildreds Apartment in Bay City versteckt hält. Anschließend ermordet der Polizist seine Exfrau in einem sadistischen Anfall von Haß und Eifersucht. Er will den Mord Kingsley zur Last legen, wird indessen von Marlowe am Little Fawn Lake als Täter überführt. Degarmo flieht, findet den Tod durch die Schüsse eines Wachpostens auf dem Puma Lake-Damm und stürzt mit seinem Fluchtauto in eine Schlucht.

In *Die Tote im See* kehrt Philip Marlowe wieder nach Bay City zurück, dem Schauplatz der Ereignisse in *Lebwohl, mein Liebling*. Und hatte er

Lageplan aus «The Raymond Chandler Mystery Map of Los Angeles»

Robert Montgomery (links) als Marlowe in «Lady in the Lake»

am Ende dieses Romans die Veränderbarkeit des «Systems» nicht rundweg ausgeschlossen («*Es kehren jetzt harte Besen hier in Bay City*»[222]), so wird er bei seinem neuerlichen Aufenthalt aller reformerischen Illusionen nachdrücklich enthoben. «*Ich dachte, die Stadt sei sauber gemacht worden... Ich dachte, sie hätten sie soweit in Schuß, daß ein friedlicher Bürger abends auf den Straßen rumlaufen kann, ohne 'ne kugelsichere Weste tragen zu müssen.*» – «*Ja, sie haben sie ein bißchen sauber gemacht*», sagte er. «*Aber sie soll auch nicht zu sauber sein. Denn dabei könnte ihr mancher schmutzige Dollar entgehen.*»[223] Es ist alles wie es war in Bay City. Nach wie vor haben hochgestellte kriminelle Persönlichkeiten das Sagen, jetzt etwa Dr. Almore, der seine reiche, trunksüchtige Kundschaft mit Rauschgift versorgt und vormals geschäftlich eng mit Lou Condy, dem Roulettekönig, zusammenarbeitete; und nach wie vor schafft die öffentliche Gewalt, in Gestalt des brutalen Lieutenants Degarmo und seiner Leute, die Sorte Recht und Ordnung, die die maßgeblichen Interessen und Interessenten schützt.

Im Gefängnis von Bay City, in das er wegen Verletzung dieser höchsten Rechtsgüter geworfen wird, zeichnet Marlowe ein Sozialbild der Stadt, welches mit seinen Erfahrungen aus dem *Hohen Fenster* erkennbar korreliert. *Bay City war ein sehr hübscher Ort. Leute lebten hier und dachten das. Würde ich hier leben, würde ich es zweifellos auch denken. Ich würde die hübsche blaue Bucht sehen... und den Yachthafen und die ruhigen Straßen und ihre Häuser, die alten Häuser, die unter alten Bäumen dahindämmerten, und die neuen Häuser mit ihren exakt umrandeten grünen Rasenflächen und ihren Drahtzäunen... Ich kannte ein Mädchen, das in der Twenty-fifth Street lebte... Sie mochte Bay City gern. Sie dachte dabei bestimmt nicht an die Slums der Mexikaner und der Neger, deren trostlose Mietskasernen sich südlich der alten Straßenbahnschienen endlos ausbreiteten. Und sie dachte auch nicht an das Ufer, das sich südlich von den Klippen an der flachen Küste entlangzog, mit... den Marihuana-Kneipen... noch an die Taschendiebe und Zuhälter und die Schläger und Rausschmeißer und die Strichjungen und Transvestiten im Hafenviertel.*[224]

Aber Bay City ist im Roman nicht der zentrale, sondern ein Geschehensort neben anderen. «In der bisher größten Ausdehnung des Handlungsraums in einem Roman Chandlers durchmißt Marlowe den südkalifornischen Raum in West-Ost-Richtung vom Pazifik (Bay City) bis in die San Bernardino Mountains (Puma Lake, Little Fawn Lake)... Los Angeles spielt nur eine untergeordnete Rolle.»[225] Diese Erweiterung des geographischen Handlungsrahmens hat ihre Funktion: sie soll in *Die Tote im See* «die Allgegenwärtigkeit des Verbrechens»[226] bewußt werden lassen, oder genauer: die Permanenz des gewaltsamen Umkommens inmitten einer Gesellschaft, die sich trotz Weltkrieg im Zustand des Friedens befindet – und in der es dennoch nicht wesentlich anders zugeht als auf den weit von ihr entfernten Kriegsschlachtfeldern.

Man hat Chandler immer wieder vorgeworfen, er hätte in den Romanen der frühen vierziger Jahre den Zweiten Weltkrieg vollkommen ausgeblendet und ignoriert. In *Die Tote im See*, deren Geschichte nach dem Kriegseintritt der USA spielt, findet der Krieg realistisch in der Form Eingang, in der er das Bewußtsein der meisten Amerikaner – deren Land ja keinen direkten Angriffen oder Bedrohungen ausgesetzt war – in Wahrheit nur tangierte: als auswärtige internationale militärische Konfrontation, die zwar auf verschiedene Weise ins zivile amerikanische Leben eingriff, um die man sich aber, außer in patriotischer Hinsicht, nicht weiter ernsthaft zu kümmern hatte. Chandler wählt im Roman ein treffendes, sehr subtiles Bild für diese allgemein gleichgültige Haltung: *An der Kasse führte ein blaßhaariger Mann einen verzweifelten Kampf, um seinem kleinen Radio die Nachrichten vom Kriegsgeschehen zu entlocken, die in atmosphärischen Störungen ersoffen.*[227] Seine Kritik an ihr ist unübersehbar: *Der Krieg* schien *Puma Lake nicht im geringsten zu küm-mern.*[228]

Statt aber im Buch künstlich einen Krieg zu thematisieren, der nicht nur am Puma Lake ersichtlich k e i n Thema ist, schildert er d e n Krieg, der im Innern dieser Nation stattfindet und unter der Bezeichnung «Frieden» firmiert. Auf diese Parallelisierung Frieden = Krieg kommt es Chandler in *Die Tote im See* an – einem Roman, in dem das Töten ein gewöhnlicher Handlungsakt ist und sich in nichts von der Selbstver-ständlichkeit des Metzelns im Kriegsgeschäft unterscheidet. *Er war da, so als ob das die normalste Sache der Welt wäre... Er war in der Ecke, zusammengesunken unter den beiden glänzenden Wasserhähnen, und aus der verchromten Dusche tropfte langsam Wasser auf seine Brust... Alles war still, sonnig und friedlich. Offenbar gab es keinen Grund zur Aufre-gung. Da war ja auch nur Marlowe, der eine weitere Leiche gefunden hatte. Allmählich kann er das schon ganz gut. Pro-Tag-ein-Mord-Mar-lowe, so könnte man ihn nennen. Und am besten wär's, man schickte ihm den Leichenwagen hinterher, wenn er seinem Beruf nachgeht.*[229] Die zyni-sche Beiläufigkeit, die Mildred Havilands Mord an Chris Lavery anhaf-tet, hat ihre Ursache in dessen völlig durchschnittlicher Alltäglichkeit. Im kriegsfernen Amerika, in dem die Bürger ihrem normalen Dasein nachgehen können, während in der Welt die planmäßige Ausrottung der Völker auf der politischen Tagesordnung steht, ist es in Bay City oder am Puma Lake oder am Little Fawn Lake wie «*in New York... wo man alle Augenblicke Leichen aus dem Wasser zieht*» (ein Kriminalbeam-ter)[230], wo alle Augenblicke gemordet wird, wo es keine Besonderheit darstellt, einem Menschen das Leben zu nehmen und es hierzu auch kei-ner besonderen, krassen Motive bedarf, wie diejenigen der Romantäter zeigen: Mildred Haviland tötet ihre Opfer aus durchweg ‹niedrigen Be-weggründen›, Degarmo ‹bestraft› sie seinerseits in Folge eines primiti-ven Affektstaus, und selbst der Wachposten, der den Lieutenant auf dem Puma Lake-Damm wie einen fliehenden Feind abschießt, da dieser den Haltebefehl mißachtet, handelt in Ausübung eines barbarischen staatlichen Rechtsvollzugs. Und wie so jede Gelegenheit gewissermaßen für eine Totschlagaktion gut ist, so kommen die Mörder in diesem Ro-man nicht länger vorrangig aus der Sphäre des großen Geldes, sondern sind Jedermann. Der räumlichen Streuung oder Verallgemeinerung der Mordschauplätze korrespondiert in *Die Tote im See* so etwas wie die Ni-vellierung des Handlungsmilieus, das heißt «die Verlagerung der Hand-lung auf eine mittlere Ebene zwischen Ober- und Unterschicht»[231]: der bellum omnium contra omnes (Hobbes) tobt in der bürgerlichen ameri-kanischen Gesellschaft an allen Orten und in sämtlichen Etagen.

Konsequent im Sinne der Moral des Romans endet dieser mit einer

Szene, die unmittelbar an ein Schlachtfeld erinnert. *Hundert Fuß tiefer in der Schlucht war ein kleines Coupé gegen einen riesigen Granitbrocken gequetscht. Es lag fast auf dem Dach, ein wenig zur Seite geneigt. Drei Männer waren unten beim Auto. Sie hatten es gerade weit genug bewegt, um etwas herausheben zu können. Etwas, das ein Mann gewesen war.*[232] Es ist Degarmos zerfetzter Körper, der hier geborgen wird; und kein Satz, keine friedliche Relativierung folgt mehr auf dieses blutige Schlußbild. *Der Krieg schien Puma Lake nicht im geringsten zu kümmern.* Doch Chandlers Leser gewinnt den Eindruck, daß zwischen Krieg und dem Zustand des Seins im Roman kein prinzipieller Unterschied besteht.

Als Chandler 1943 nach Hollywood ging, um zunächst auf Einladung des Paramount-Produzenten Joseph Sistrom zusammen mit Billy Wilder das Drehbuch zu dem Film «Double Indemnity» zu schreiben, tat er dies in erster Linie (aber nicht nur) aus ökonomischen Motiven. Denn obwohl er mittlerweile ein erfolgreicher Schriftsteller war und sich den Namen gemacht hatte, auf Grund dessen Hollywood ihm überhaupt eine Chance gewährte, überblickte er illusionslos, daß er sich allein als Romanautor schwerlich den Grad an finanzieller Sicherheit und Unabhängigkeit würde erarbeiten können, dem er entgegenstrebte. Und weil er kein Produzent schneller, billiger Krimi-Bestseller war noch jemals werden wollte und seine Werke (obgleich sie begannen, als Taschenbücher herauszukommen) kein Vermögen abwarfen, nahm er den Job an, den man ihm anbot – ohne sich nun freilich Hollywood gegenüber plump und wahllos zu prostituieren.

Daß Chandler jetzt «berühmt genug [war] auch für schmutziges Geld»[233] und es kassierte, während er seinen Romanhelden Philip Marlowe ein Programm moralischer Ehrlichkeit verkünden ließ[234], ist eine Lüge. Chandler trat sein Hollywood-Engagement unter der Voraussetzung und in dem Glauben an, sich für den materiellen Gewinn als Künstler trotzdem nicht verraten zu müssen. *Wie jeder Schriftsteller ... der nach Hollywood geht, war ich am Anfang überzeugt, es müsse doch irgendeine Methode zu entdecken sein, beim Film zu arbeiten, ohne daß dabei das bißchen Schöpfertalent, das man zufällig vielleicht besitzt, komplett vor die Hunde ginge. Aber wie andere vor mir machte ich die Entdeckung, daß ich da einem Traum nachhing.*[235]

Mit diesem Traum im Kopf fing er an, und seine Geschäftsadresse lautete für die nächsten gut drei Jahre: «Paramount Pictures Inc., 5451 Marathon Street, Hollywood 38». Es fiel ihm schwer, nicht mehr isoliert und zu Hause arbeiten zu können, sondern in einen Betrieb und ein Team eingebunden zu sein, und obwohl er im Nachhinein über seine Zeit in Hollywood meinte, *daß ich persönlich mich da immer ganz gut amüsiert*

Chandler bei Paramount, 1943

habe[236], steckte die aktuelle Situation voller Probleme für ihn. Er war kein ehrgeiziger, dynamischer Karrierist, der durch die Studios hastete, um sich mit allen Mitteln nach oben zu boxen. «Rays Leben war schwer gewesen; er sah zehn Jahre älter aus, als er war»[237], erinnert sich John Houseman, einer der wenigen Leute in Hollywood, mit denen er Freundschaft schloß; und in seinem bürgerlichen Aufzug (korrekte Tweedjacke, Schlips, schwarze Hornbrille, Pfeife) hatte Chandler schon vom Äußeren her nicht gerade viel Ähnlichkeit mit dem Durchschnittstyp seiner neuen Umgebung.

Gleich bei seiner Arbeit mit Billy Wilder stellte er unmißverständlich klar, daß er in keiner Hinsicht bereit war, seine Persönlichkeit den Machtstrukturen des Filmgeschäfts unterzuordnen. Er verfaßte eine Beschwerde über Wilder, in der er definitiv verlangte, anständig behandelt zu werden. «Ich erinnere mich an zwei Punkte», berichtet Houseman. «Mr. Wilder habe unter keinen Umständen mit seinem dünnen... Rohrstock unter Mr. Chandlers Nase herumzufuchteln oder damit auf ihn zu zeigen, wie er es während ihrer gemeinsamen Arbeit zu tun pflege. Und: Mr. Wilder habe es zu unterlassen, Mr. Chandler willkürliche oder das Persönliche betreffende Befehle zu erteilen, wie etwa ‹Ray, machst du das Fenster da mal auf?› oder: ‹Ray, machst du die Tür da bitte zu?› Seine

Mit Billy Wilder, 1943

Die Metro-Goldwyn-Mayer-Studios in Hollywood

Forderungen wurden offenbar erfüllt, denn er blieb und stellte das Drehbuch fertig.»[238] Der Film wurde ein voller Erfolg und Chandlers/Wilders Buch erhielt eine «Oscar»-Nominierung.

Raymond Chandler hatte sich beim ersten Versuch durchgesetzt und profiliert, und er gehörte schnell zu den sehr raren Schreibern in Hollywood, die phantastische Summen bekamen. Er mietete für sich und Cissy einen kleinen Bungalow im südlichen Hollywood, fuhr einen «monumentalen graugrünen Veteranen von Packard-Kabrio, auf den er so stolz war»[239], und hielt seine Honorare ansonsten zusammen, wobei es ihm ein Leichtes war, dem normalen Lebensstil der Hollywooder Gesellschaft zu entraten, von der er nicht fand, daß sie *auch nur im geringsten öder und ausschweifender wäre als die Geld-Gesellschaft allüberall*[240], und die er, wenn möglich, mied. *Die oberflächliche Freundlichkeit Hollywoods ist durchaus angenehm – bis man eines Tages feststellt, daß fast in jedem Ärmel ein Messer steckt.*[241] Am liebsten verkehrte er mit seinen Autoren-Kollegen, die ihn als klugen, jederzeit hilfsbereiten Ansprechpartner schätzten. Junge Anfänger kamen gern ratsuchend zu ihm, und er sagte ihnen dann unverblümt, sie sollten irgend etwas hinschreiben, «in der Chefetage könne ohnehin niemand lesen, und selbst wenn, könnten sie immer noch kein gutes Skript von einem schlechten unterscheiden» [242]. Chandler brauchte nicht sehr lange, um zu begreifen, wie Hollywood funktionierte.

Ende 1945, mitten in neuen Vertragsverhandlungen mit Paramount, besaß er den Mut, seine gesammelten Erkenntnisse in einem polemischen Essay publik zu machen und seinen Arbeitgebern offen die Stirn zu bieten. Er stellte fest, daß der Schriftsteller in Hollywood nichts anderes ist als ein Lakai allmächtiger, künstlerisch unfähiger Produzenten mit *den Manieren eines größenwahnsinnigen Warenhausdetektivs* [243], denen er platte, kommerziell nutzbare Drehbücher zu liefern hat, die anschließend so lange verstümmelt und zugerichtet werden, bis sie diesem ausschließlichen Qualitätskriterium genügen. Der zum Handlanger einer Produktion wertlosen, vorsätzlich kunstlosen Plunders degradierte Autor, *auf den man gelegentlich ganz obenhin einmal Bezug nimmt (wenn er grad im Zimmer ist), den man im wesentlichen aber ignoriert* [244], findet sich mit seiner Einflußlosigkeit ab oder wird gefeuert. Große Männer mit Geld, die selbst nicht schreiben können, sagen ihm, was er schreiben soll, und da *der Film... eine große Industrie* ist, *ebenso, wie er eine ruinierte Kunstform ist* [245], hat das Ganze seine stupide, unumgängliche Logik, gegen die sich der einzelne Schriftsteller auf Dauer nicht behaupten kann.

Raymond Chandlers Arbeiten in Hollywood bzw. die auf ihnen basierenden Filme spiegeln die Wahrheit seiner Kritik wider, wenngleich einige von ihnen zu den niveauvollen *Betriebsunfällen* zählen, von denen Chandler sagt, daß sie Hollywood ab und zu, ganz aus Versehen, auch unterliefen. Angefangen bei «Double Indemnity», einem gut gemachten, aber nicht hervorstechenden Kriminalfilm aus Hollywoods «Schwarzer Serie», muten sie dennoch irgendwie flach und witzlos an. Dies hat nicht unwesentlich auch damit zu tun, daß Chandler überwiegend fremde Romanvorlagen zu Drehbüchern verarbeitete – «Double Indemnity», «And Now Tomorrow», «The Unseen» –, und dabei handelte es sich um recht mäßige Stoffe, die er schlecht in gute Filmgeschichten verwandeln konnte; die ‹Revision› seiner Skripte durch Regisseure und Produzenten tat das Übrige.

In seinem einzigen Originaldrehbuch *The Blue Dahlia* wollte er ursprünglich einen gehirnverletzten amerikanischen Kriegsveteranen zum unbewußten Mörder machen – woraufhin das US-Marineministerium sich indirekt (und zu Recht) kritisiert fühlte und intervenierte, so daß Chandler den Hoteldetektiv morden lassen mußte. Dieser erzwungene Einfall zerstört den Film, der Chandlers bester ist und dessen Buch auch wieder für einen «Oscar» vorgeschlagen wurde; ihm selber gefiel er so wenig wie all die anderen Filme, an denen er beteiligt war. Dabei geriet ihm die Arbeit an *The Blue Dahlia* zur wahren Tortur. Paramount suchte Anfang 1945 dringend nach irgendeiner passenden Story für seinen Superstar Alan Ladd, der zur Army eingezogen werden sollte und mit dem man vorher noch schnell einen Kassenschlager abdrehen wollte. Chandler erbot sich, ein angefangenes Romanmanuskript zu einem Drehbuch umzuschreiben, fertigte auch in kurzer Zeit etliche Skriptseiten an, und George Marshall, der Regisseur, begann mit den Dreharbeiten – bis kein Material mehr da war. Chandler kam nicht weiter, ihm fiel kein Schluß für seine Geschichte ein. Die Zeit drängte, die Studiobosse wurden nervös, und Paramounts Produktionschef stellte dem Autor 5000 Dollar für die umgehende Fertigstellung des Textes in Aussicht. Anstatt das Geld einzustreichen, fühlte Chandler sich bestochen und wollte und konnte erst recht keine Zeile mehr niederschreiben. Aber um den Produzenten von

«Double Indemnity»

2009-22

The Blue Dahlia, John Houseman, nicht in Schwierigkeiten zu bringen, schlug er ihm vor, das Ende des Drehbuchs zu Hause im Zustand organisierter Trunkenheit zu fabrizieren – da er sicher war, daß er es so und nur so schaffen würde. Unter Aufsicht eines Arztes, der ihm Traubenzucker spritzte, betrank er sich eine Woche lang, aß in dieser Zeit nichts und beendete, in vollkommener Konzentration und Selbstkontrolle, seine Arbeit. So wurde der Film rechtzeitig fertig, doch dafür stand Chandler am Rande des Zusammenbruchs, und es dauerte lange, bis er wieder auf die Beine kam. Chandler habe sein Leben für *The Blue Dahlia* eingesetzt, schrieb Houseman später. Und das letztlich nur, um ihn, den Freund, nicht im Stich zu lassen.

Aber spätestens diese Geschichte zeigte Chandler überdeutlich, daß ihm Hollywood nicht guttat. Er hatte schon zuvor wieder zu trinken angefangen, und Arbeitsbedingungen wie Atmosphäre der Studios setzten ihm offenkundig derart zu, daß er, ähnlich wie in den letzten Jahren im Ölgeschäft – wenn auch jetzt nur zwischenzeitlich –, den Boden unter den Füßen verlor, wozu auch Eskapaden mit Sekretärinnen und Statistinnen gehörten, die ihn jedoch in seiner Treue zur inzwischen über siebzigjährigen Cissy nicht beirrten. Für die MGM fing er noch das Drehbuch zu «The Lady in the Lake» an und bemühte sich nach Abbruch dieses Projekts um eine neue Zusammenarbeit mit Paramount zu s e i n e n Konditionen. *Was ich will, ist...: Freiheit von Terminen und unnatürlichem Druck sowie das Recht, mir zur Mitarbeit die wenigen Leute in Hollywood zu suchen, die das Ziel haben, innerhalb der Grenzen, die einer populären Kunstform nun einmal gezogen sind, die bestmöglichen Filme zu machen und nicht bloß immerzu die alten vulgären Formeln zu repetieren.*[246] Das war nicht zu haben. Nach einem vorläufig letzten vergeblichen Versuch, ein Filmskript selbständig, nach seinen Vorstellungen zu gestalten («The Innocent Mrs. Duff»), kehrte er Hollywood Ende 1946 den Rücken – erschöpft, ausgelaugt und desillusioniert.

In La Jolla, einer reichen Vorstadt von San Diego, wo er und Cissy vor Jahren schon einmal gewohnt hatten, kauft er ein hübsches, einstöckiges Haus direkt am Pazifik. *Vor zehn Jahren war die Stadt sehr still, exklusiv, teuer und fast so öde wie ein Februarnachmittag in Victoria. Jetzt ist sie bloß noch teuer. Unser Wohnzimmer hat ein Panoramafenster, von dem man nach Süden über die Bucht bis Point Loma sieht, dem westlichsten Teil von San Diego, und des Abends liegt eine lange erleuchtete Küstenlinie fast zu unsern Füßen. Ein Rundfunkautor war einmal hier, um mich zu besuchen, und er hat da am Fenster gesessen und geweint, so schön war es. Aber wir wohnen hier, und zum Teufel damit.*[247]

Nach der aufreibenden Zeit, die hinter ihm liegt, kommt Chandler end-

89

Die Küste bei La Jolla

lich zur Ruhe und stabilisiert sich, und ihm gefällt La Jolla, ungeachtet einer gewissen Versnobtheit, wegen seines Friedens und seiner Wohlhabenheit, denn *ich hasse diese Arme-Leute-Städte*[248], und das erworbene Haus 6005 Camino de la Costa ist genau das, was er sich immer gewünscht hat. *Wir haben ein viel schöneres Heim, als ein arbeitsloser Schundschriftsteller eigentlich erwarten dürfte*[249], aber Hollywood hat ihn saniert, und seine materiellen Verhältnisse sind so, daß das Haus zu ihm paßt. *Ich bin durchaus nicht reich, aber ich bin auch keineswegs arm. Allerdings beneide ich die Leute, die in Hollywood zu einer Zeit gearbeitet haben, wo man sein Geld noch behalten konnte. Fürs vergangene Jahr muß ich fast 50 000 Dollar Einkommensteuer bezahlen. Das ist für einen Burschen, der vor gar nicht vielen Jahren noch an altem Schuhleder genagt hat, ziemlich grauenhaft.*[250]

Zuvörderst die Arbeit in den Studios, aber doch auch die in der eigenen Schriftstellerwerkstatt hat diesen relativen Wohlstand schließlich hervorgebracht. Chandlers Bücher gehen gut, amortisieren sich verstärkt als Paperbacks und werden in immer mehr Sprachen übersetzt. Dieser Erfolg aber ist entscheidend daran gebunden, daß er von Anbeginn seiner

Laufbahn als moderner Literaturproduzent auftritt, das heißt die angemessene Vermarktung seiner Schreibprodukte bewußt zu steuern und zu befördern sucht. Zwecks optimaler Wahrung seiner Interessen beschäftigt er Agenten, die er genau überwacht, die er auswechselt, sobald er das Gefühl hat, sie sorgten mehr für sich als für ihn, und über die er in einem sarkastischen Essay anmerkt, ihre ganze Tätigkeit bestehe darin, *sich überall eine Scheibe abzuschneiden*[251]. Er trennt sich ohne weiteres von Verlegern (so von Alfred A. Knopf), wenn er glaubt, sie verkauften ihn nicht gut genug oder wirtschafteten zu maßlos in ihre Taschen anstatt in seine. Bei aller Geschäftstüchtigkeit verweigert sich Chandler aber den allzu primitiven Marketing-Gepflogenheiten des Literatur- und Kulturbetriebs. Er will gut verdienen – doch nicht ohne redlich erbrachte Leistung. *Ich bin mir darüber im klaren, daß diverse offensichtlich reputierliche Leute mir da nicht zustimmen werden. Wie man mir erzählt hat, nehmen sie Geld dafür, Bücher hochzujubeln... und machen in aller Selbstverständlichkeit Autogrammtourneen, reden auf Buchmessen und lassen sich gelegentlich als ‹Prominente› fotografieren, ein Glas Whisky-Verschnitt in der Hand, den ich nur im Notfall in den Ausguß schütten würde, aus Angst nämlich, er könnte die Leitungsrohre zerfressen.*[252]

Raymond Chandlers Dasein in La Jolla ist das einer zurückgezogenen Autorenexistenz. Kontaktfreudigkeit und Verlangen nach gesellschaftlicher Geborgenheit sind seine Sache nie gewesen. Obwohl er dank seines Witzes ein anregender Gesellschafter sein kann, hat er Probleme im Um-

6005 Camino de la Costa, La Jolla

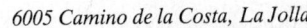

gang mit Menschen und schwierige (ursächlich im intellektuellen Bereich wurzelnde) Hemmungen, die ihm beinahe jedwede Form sozialen Verkehrs als komplizierten und letztendlich für ihn nicht genießbaren Vorgang erscheinen lassen. Daher leben Cissy und er, in Gesellschaft ihrer Katze Taki, in – sie beide befriedigender – Einsamkeit. Nur gelegentlich sehen sie Menschen, und ab und an spielt Chandler mit in La Jolla ansässigen Kollegen Tennis. Die meiste Zeit verbringt er in seinem Arbeitszimmer – den Vormittag über als Berufsschriftsteller, die langen Abende aber, bis in die Nacht hinein, als ausdauernder Briefeschreiber.

Sein Leben lang muß er ohne festgefügte, enge Freundschaften auskommen; zu tief ist für ihn die Kluft, die sich zwischen ihm und seiner zumeist anders als er denkenden und fühlenden Umwelt auftut. Doch hat er das Bedürfnis nach geistigem und emotionalem Austausch, und der Brief ist ihm für diesen Zweck das störungsfreieste und auch ungefährlichste Mittel. Viele Briefpartner (sie entstammen in der Mehrzahl seiner Berufssphäre und sind Schriftsteller, Leser, Lektoren oder Verleger) kennt er persönlich nicht oder begegnet ihnen erst (wie Hamish Hamilton) nach Jahren des Schreibens, was ihn an großer brieflicher Wärme und Offenherzigkeit nicht hindert. *Sie sind gut aufgehoben, und mehr als das, bei Leuten, die so geradeheraus sind, wie ich es bin.*[253]

In Chandlers intelligenten, oft höchst unterhaltenden Briefen offenbart sich auch sozusagen die öffentliche Entsprechung seiner privaten Abkapselung: eine für ihn bezeichnende Position der politischen Zurückhaltung, deren Bedenklichkeit nun aus ihrer unpolitisch-reaktionären Färbung erwächst. In schwer begreiflichem Widerspruch zu seinen Romanen und gleichfalls zu Chandlers persönlicher, trotz eines bestimmten

Hamish Hamilton

Konservativismus unbürgerlich-unkonventioneller Denkungs- und Lebensart präsentiert er sich auf dem Feld seines politischen Räsonierens und Verhaltens als merkwürdig staatsbürgerlich orientierter Mensch. Verwunderlich ist dabei zudem, daß er einerseits die offizielle Politik progressiv verachtet und hierin konform geht mit der souveränen Ablehnung alles Staatspolitischen durch sein Roman-Sprachrohr Philip Marlowe: *P. Marlowe interessiert sich einen Dreck dafür, wer Präsident ist; ich ebenso, weil ich weiß, es wird ein Politiker sein*[254]; daß er aber daneben seine Politikabstinenz mit einer Staatstreue paart, die in Marlowes Politikfeindschaft keineswegs enthalten ist.

Als nach 1945 in den USA «The Second Red Scare» anhebt und die Intellektuellen- und Kommunisten-Verfolgung schon vor dem Höhepunkt des McCarthyismus klare Parallelen zum soeben besiegten NS-Faschismus aufweist, hält Chandler sich anders als viele Künstler im Lande mit seiner Meinung zu den staatlichen Ausschreitungen zurück, geschweige denn, daß er gegen sie arbeiten würde, wie es zum Beispiel Dashiell Hammett tut. Er billigt die Pogrome (von denen er unbehelligt bleibt) zwar nicht; doch solange sie in rechtsstaatlich einwandfreien Bahnen ablaufen, scheint er sie nicht anzweifeln zu wollen. Im Falle der zehn Hollywood-Autoren (der «Hollywood Ten»), die 1947 vom «Komitee für Unamerikanische Aktivitäten» vorgeladen wurden, attestiert er den Staatsschützern ein rechtmäßiges Vorgehen und wirft den Angeklagten vor, durch ihre Aussageverweigerung das Funktionieren des demokratischen Systems zu sabotieren[255] – eine befremdliche Einstellung in Anbetracht der «System»-Gegnerschaft, die noch in jedem seiner Bücher zutage tritt, und Chandlers richtiger Einschätzung des Wesens staatlicher Politik respektive deren Vertreter (s. o.).[256]

Vielleicht sind seine gerade in der McCarthy-Ära hervortretende naive und massive Demokratie-Gläubigkeit und sein dubioser politischer Konservativismus aus Chandlers grobem und unklugem Antikommunismus ableitbar, der ebenfalls in keiner logischen Beziehung zu den Romanen steht und wahrscheinlich erstens aus der unreflektierten Übernahme der durch die offizielle US-Staatspropaganda in Umlauf gesetzten einseitigen Greuelbilder von der Sowjet-Union resultiert[257], zweitens von der umstandslosen Gleichsetzung des (stalinistischen) Sowjetkommunismus mit dem Marxismus herrührt[258] und drittens auf einem recht simplen «Systemvergleich» fußt: *Die Grundlagen-Philosophie des Big Business und die des kommunistischen Staates sind fast exakt dasselbe... Der einzige Unterschied... besteht darin, daß man in Rußland, wenn einem ein bißchen die Puste ausgeht, entweder erschossen oder in ein Zwangsarbeitslager gesteckt wird, während man in den Vereinigten Staaten um sein Ausscheiden ersucht oder... dazu gezwungen wird.*[259]

Am Schreibtisch in La Jolla

Cissy

Raymond Chandlers Arbeiten während der ersten Jahre in La Jolla umfassen neben der Weiterführung des schon in Hollywood begonnenen nächsten Marlowe-Romans *Die kleine Schwester* essayistische Projekte und auch noch einmal ein Drehbuch: das für Universal-International verfaßte Originalskript *Playback*, das er – zu Hause – für 4000 Dollar Gage in der Woche schreibt und das dann wegen finanzieller Schwierigkeiten der Gesellschaft nie realisiert werden wird; Chandler benutzt es später als Basis für seinen gleichnamigen Roman. Die Filmwirtschaft beschäftigt ihn auch theoretisch noch, und außer anderen Artikeln verfaßt er einige kritische Aufsätze über Hollywood und veröffentlicht sie in dem angesehenen Intellektuellen-Organ «The Atlantic Monthly», dessen Herausgeber Charles Morton einer seiner vertrauteren Brieffreunde ist.

1949 erscheint (in den USA in Chandlers neuem Verlag Houghton Mifflin, in England wie gewöhnlich bei Hamish Hamilton) *Die kleine Schwester*, ein Buch, über das Chandler sagt, es sei das einzige von ihm, das ihn alles in allem gesehen nie richtig erwärmt habe. *Mit der Story ist irgend etwas schiefgegangen.*[260] Erzählt wird eine etwas undurchsichtige,

«The Little Sister», Anfang des Manuskripts

The pebbled glass door panel is lettered in flaked black paint: "Philip Marlowe . . . . Investigations." It is a reasonably shabby door at the end of a reasonably shabby corridor in the sort of building that was new about the year the all-tile bathroom became the basis of civilization. The door is locked, but next to it is another door with the same legend which is not locked. Come on in-- there's nobody in here but me and a big bluebottle fly. But not if you're from Manhattan, Kansas.

It was one of those clear, bright summer mornings we get in the early spring in California before the high fog sets in. The rains are over. The hills are still green and in the valley across the Hollywood hills you can see snow on the high mountains. The fur stores are advertising their annual sales. The call houses that specialize in sixteen-year-old virgins are doing a land-office business. And in Beverly Hills the jacaranda trees are beginning to bloom.

I had been stalking the bluebottle fly for five minutes, waiting for him to sit down. He didn't want to sit down. He just wanted to do wing-overs and sing the prologue to Pagliacci. I had the fly swatter poised in midair and I was all set. There was a patch of bright sunlight on the corner of the desk and I knew that sooner or later that was where he was going to light. But when he did I didn't even see him at first. The buzzing stopped and there he was. And then the phone rang.

nicht durchgehend glaubwürdig gebaute und sehr überfrachtete Erpressungsgeschichte, in der ‹die kleine Schwester› Orfamay Quest und ihr Bruder Orrin die gemeinsame ‹große› Schwester Leila, die unter dem Namen Mavis Weld in Hollywood eine Filmkarriere macht, mittels kompromittierender Fotos um viel Geld zu erleichtern trachten. Mit von der Partie ist das erotomanische Filmflittchen Dolores Gonzales, deren Motive aber berufliche Eifersucht und verschmähte Liebe sind – Mavis Weld hat ihr ihren ehemaligen Geliebten, den früheren Gangster und jetzigen reichen Restaurantbesitzer Steelgrave alias Weepy Moyer, ausgespannt. Orrin Quest fotografierte Leila und Steelgrave an einem Tag zusammen, an welchem letzterer zwar gerade inhaftiert war, doch wegen eines Arztbesuchs Ausgang hatte, und an dessen Abend Miss Gonzales seinen früheren Kompagnon Stein mit dem Ziel erschoß, eben Steelgrave (über den durch eine mitabgelichtete Zeitung stichfesten Fotobeweis seiner Freiheit an diesem Tag) den Mord anlasten und Leila als ‹Killerbraut› bloßstellen zu können. Quest tötet zwei die Abwicklung der Erpressung störende Männer und wird dann selber von Dolores Gonzales aus Angst und Sicherheitsgründen umgebracht. Diese ermordet außerdem Steelgrave, den sie nicht haben kann, und stirbt am Ende durch die Hand ihres eifersüchtigen Ex-Ehemanns Dr. Lagardie. Orfamay Quest, die nur im Hintergrund agierte, kehrt nach Marlowes Fall-Aufklärung in ihre provinzielle Heimatstadt zurück und wird dort ihre trübsinnige Existenz als kleine Arzthelferin wieder aufnehmen.

Raymond Chandler wußte genau, woran dieser Roman krankt: *Die Handlung hat Schwächen ... für einen Kriminalroman ist sie überkompliziert, während sie als Geschichte von Menschen wieder sehr simpel ist.*[261] Das Thema der *Toten im See* – «*Töten ist nichts Besonderes*» (Miss Gonzales)[262] und (auch in der US-Gesellschaft der Nachkriegszeit) ein lebensimmanenter und klassenneutraler Vorgang – gewinnt keine neue Eindringlichkeit; das schaurige Wesen des Mordes in der Gesellschaft: banale Notiz und blutige Sensation in einem, erscheint nur vereinzelt mit der Wucht eines Kafkaschen Faustschlags. *Die «Bay City News» waren sich nicht zu gut, um über einen Mord zu berichten. Sie setzten ihn gleich auf die Frontseite, direkt neben die Fleischpreise.*[263] Ein weiteres Mal erweisen sich Geld und Liebe als die beherrschenden Konstituenten des Todes, und allenfalls mag man als innovatives Element des Romans ansehen, daß Chandler in der Studie der Hollywood-Hure und dreifachen Mörderin Dolores Gonzales, deren Antrieb zum Töten der «Liebe» entspringt, eine gelungene Attacke auf Hollywoods Lieblingsideologie reitet: «Der Traum von der Liebe, von Hollywood im sprichwörtlichen Happy-End als Ausdruck einer schönen, heilen Welt ausgebeutet, hat in diesem ... Kriminalroman ... eine zerstörerische Kraft.»[264]

Außer der Wiederholung thematischer Muster (und auch Figuren – zu nennen ist als ein Beispiel der sattsam bekannte Drogenarzt, hier Dr. Lagardie) zählt zu den Schwächen der *Kleinen Schwester* ein Übermaß an handlungsdesintegrierter Reflexion und Gesellschaftstheorie. Marlowe räsoniert ausnehmend intensiv über den *Warenhausstaat Kalifornien* mit seiner allumfassenden protzenden Schäbigkeit und seiner ungeheuren Ausbeutung des Lebens und des Menschen. Er porträtiert mit Verve Los Angeles, den *Slum mit Neonbeleuchtung*, der einmal ein sonniger, friedlicher Ort war und nun ein stinkender Pfuhl des Banditentums geworden ist. Aber so eindrucksvoll seine Bilder der *kalten, halbdunklen Welt, wo immer das Falsche passiert und nie das Richtige*[265], auch sind: sie wirken traktathaft, aufgesetzt und nicht als organische Teile des Romanganzen. Gleiches gilt für viele Passagen, in denen Chandler mit Hollywood abrechnet; sie erwecken die Vorstellung, es sei vorsätzlich darum gegangen, sie unterzubringen.

Trotz dieser Mängel entschädigt *Die kleine Schwester* durch ein Feuerwerk an Witz. Chandler ist in dieser Beziehung in Hochform – obgleich er meinte, er habe das Buch in schlechter Stimmung geschrieben. «*Trinken Sie, Mr. Marlowe?*» – «*Na ja, wo Sie grade davon reden...*» – «*Ich glaube nicht, daß ich einen Detektiv beschäftigen möchte, der Alkohol zu sich nimmt... Ich bin auch kein Freund von Tabak.*» – «*Wäre es Ihnen recht, wenn ich eine Orange schäle?*»[266]

Nach der Veröffentlichung des Romans, der die Bekanntheit seines Autors in der literarischen Welt und dessen Beliebtheit bei der inzwischen zur Gemeinde gewachsenen Leserschaft weiter institutionalisiert (der aber als erster zu Chandlers Lebzeiten unverfilmt bleibt – erst 1969 kommt es mit dem Streifen «Marlowe» zu einer modernen Verhunzung der *Kleinen Schwester*), ist Chandler wieder einmal mit seinem Steckenpferd, dem «phantastischen» Genre befaßt: er schreibt die seltsame Geschichte *Professor Bingos Schnupfpulver*, die eine spezielle Variante von Mord-Story parodieren soll und von einem Mann berichtet, der sich mittels eines geheimnisvollen Schnupfpulvers unsichtbar macht, in diesem Zustand den Liebhaber seiner Frau tötet und der Polizei eine Menge Rätsel aufgibt, die ihn indes am Schluß bei einem Fluchtversuch erschießt. Es ist bemerkenswert, mit welcher hartnäckigen Faszination Chandler, obschon in großen zeitlichen Abständen, seine schriftstellerische Energie in derlei abwegige Nebendinge investiert.

Im Anschluß daran entsteht sein unwiderruflich letztes Drehbuch für Hollywood: «Strangers on a Train», nach dem Psycho-Thriller von Patricia Highsmith. Scheinbar hat er die Arbeit nur deshalb übernommen, weil Alfred Hitchcock Regie führt und er sich durch dessen Angebot geehrt fühlt, und bald empfindet er sie als *ziemlich albern und eine rechte*

Alfred Hitchcock

Plage, da er mit den logischen Defiziten der literarischen Vorlage nicht zurechtkommt und letzten Endes auch nicht mit «Hitch», der auf die innere Stringenz und Nachvollziehbarkeit einer Geschichte nicht viel gibt. *Er hat ein starkes Gespür für Bühnenwirksamkeit, für Stimmung und Hintergrund, weniger aber für den eigentlichen Gehalt der Sache. Ich glaube, daran liegt es auch, daß manche seiner Filme logisch aus den Fugen geraten.*[267] Hitchcock lehnt Chandlers mühsam zustande gebrachtes Skript ab, akzeptiert ebensowenig die darauf erfolgten Änderungen – und Chandler zieht die Konsequenzen und kündigt jede weitere Zusammenarbeit auf. Der Regisseur läßt sein Buch von der Autorin Czenzi Ormonde überarbeiten, und Chandler hält das Resultat für so erbärmlich, daß er sich lange überlegt, ob er seinen Namen für den Film-Vorspann hergeben soll. In einem nicht abgeschickten Brief an Hitchcock schreibt er, er befürchte aber sowieso nicht, daß jemand ernstlich glauben könnte, er hätte *dieses Zeug* produziert. *Aber wenn Sie etwas mit Magermilch Geschriebenes haben wollten, warum um Himmels willen machten Sie sich dann überhaupt die Mühe, zu mir zu kommen?*[268]

In dieser Zeit hat Chandler wahrlich nicht viel Glück mit seinen Projekten. Dem Mißerfolg von «Strangers on a Train» folgt gleich eine nächste bittere Erfahrung: seine schöne, ganz aus dem kriminalliterarischen Fach schlagende Kurzgeschichte *Ein Schriftstellerehepaar* (*A Couple of Writers*), in der Hemingways Einfluß unverkennbar ist, kann von seiner Agentur Brandt & Brandt in New York nirgendwo untergebracht und nicht verkauft werden. Dabei ist diese Erzählung über zwei einsame, talentlose *Möchtegern-Schriftsteller*, deren leeres, totes, zukunftsloses Leben von unbarmherzig klarer Selbsterkenntnis und Versagungs-Gewißheit zerfressen wird, von einigem Rang.

Sein Hauptgeschäft ist indessen die Arbeit am *Langen Abschied*. Die Niederschrift des umfangreichsten seiner Romane geht unter schwersten Belastungen vonstatten. Cissy, 1950 80 Jahre alt geworden und gesundheitlich schon länger hinfällig, ist von einem 1948 entdeckten schleichenden, tödlich verlaufenden Lungenleiden (einer Lungenfibrose) befallen. Und während Chandler den *Langen Abschied* schreibt, vollzieht sich derjenige Cissys, die ihrer Krankheit Ende 1954 erliegen wird, in grausamer Art und Weise. *Ich habe erlebt, wie meine Frau Stückchen für Stückchen gestorben ist, und unter der Qual dieser Erfahrung schrieb ich mein bestes Buch, – schrieb ich es trotzdem. Wie, weiß ich nicht.*[269] Überbeansprucht durch Krankenpflege, die Versorgung des Haushalts und die (von wechselnden Privatsekretärinnen erleichterten) allgemeinen Berufsangelegenheiten, kann Chandler kaum Ruhe finden, zumal auch er an verschiedenen Gesundheitsstörungen laboriert, unter anderem an bösen Hautallergien, deren eine seine Hände dermaßen angreift, daß er schützende Handschuhe bzw. Verbände tragen muß.

Die Angst um Cissy begleitet als unausgesetzter Druck jeden Moment der Arbeit an seinem Roman. *Gewöhnlich schloß ich mich in mein Arbeitszimmer ein und versetzte mich in eine andere Welt. Dazu brauchte ich meistens eine Stunde – mindestens. Dann ging ich an die Arbeit. Aber ich lauschte immer. Und spät abends lag ich stets lesend auf der Couch, weil ich wußte, um Mitternacht würde sie leise hereinkommen und Lust auf eine Tasse Tee haben, doch hätte sie nie darum gebeten. Ich mußte sie immer dazu überreden. Aber ich mußte da sein, denn wäre ich schlafen gegangen, hätte sie mich nicht geweckt und dann ihren Tee nicht bekommen.*[270] Nichts charakterisiert Chandlers und Cissys annähernd 31 Jahre bestehendes Verhältnis besser als diese Schilderung. Ungeachtet des beträchtlichen Altersunterschieds führten sie vom Anfang bis zum Ende eine seltene Liebes- und Ehebeziehung, die von beständiger Zuneigung, wechselseitiger Achtung, gegenseitiger Rücksichtnahme und dem Prinzip grenzenloser Loyalität getragen wurde. Chandler hat niemals vergessen, wie Cissy mit ihm zusammen den harten Gang nach oben aushielt, wie sie die Katastrophen seines Daseins mitbestritt und dann, in ruhigeren Tagen, sein einziger menschlicher Halt in der Isolation und der ihm fremden, unzu-

1958

gänglichen Welt war. Als es ihr schlecht geht, macht er ihr Leid ohne Distanz zu seiner Angelegenheit, und ihre Krankheit zum Tode markiert den Beginn seiner letzten und elendesten Lebenskrise.

Er klammert sich an sein Buch, und so kann er trotz der ungeheuerlichen Anspannung im Mai 1952 eine erste Fassung an Carl Brandt senden, dessen Mitarbeiterin Bernice Baumgarten ihm marginale Bedenken

Brandts mitteilt – woraufhin Chandler Korrekturen zusagt (de facto wird er alles noch einmal schreiben), aber so verletzt ist, daß er bald darauf die Verbindung mit der Agentur löst. Mitte 1952 bessert sich Cissys Verfassung vorübergehend so weit, daß sie im August eine Reise nach London antreten können, womit sich ein lange gehegter Wunsch Chandlers erfüllt, der aber auch Cissys wegen reist, weil er sich von der Unternehmung positive Auswirkungen auf ihre Gesundheit erhofft.

Der Aufenthalt in der alten Heimat – und Chandler hat Heimatgefühle und in Amerika immer die Sehnsucht nach England und eine englische Identität bewahrt – wird ein Erfolg. In London verkehren sie in literarischer Gesellschaft und viel mit Hamilton und seiner Frau; Chandler trifft den englischen Kollegen und Bewunderer seines Werks, J. B. Priestley, der ihn auch in La Jolla schon besucht hat. Die ihm überall (auch von seiten der Medien) zuteil werdende Anerkennung freut Chandler, der merkt, daß man da und dort mehr in ihm sieht als den Krimischreiber. Wieder zurück in La Jolla, verfällt Cissy zusehends. Chandler ist zerstört von der Sorge um sie und betäubt sich mit der Revision des Romans und allmählich wieder mit Alkohol. Er schafft es, das zweite Manuskript im Sommer 1953 abzuschließen. Wenn er über Cissys Sterben später sagt, *daß es schon lange Zeit so ging, und daß ich meiner Cissy in den dunklen, kalten Stunden der Nacht viele, viele Male Lebewohl gesagt habe*[271], mag man aus diesen Worten ermessen, welche furchtbare Kraft ihn *Der lange Abschied* gekostet hat.

An dessen Anfang liest Marlowe den betrunkenen, hilflosen Terry Lennox vor einem Lokal auf und bringt ihn nach Hause; wenig danach trifft er ihn wieder, in verwahrlostem Zustand, und bewahrt ihn vor polizeilichem Zugriff. Im weiteren Verlauf entsteht zwischen beiden eine Art Freundschaft. Lennox, mittlerweile zum zweitenmal mit Sylvia, einer Tochter des Multimillionärs Harlan Potter, verheiratet, leidet an der Seite seiner hurenden Frau und im kalten Milieu des Geldes, was ihn Marlowe zusätzlich sympathisch macht. Als er eines Morgens verstört auftaucht, andeutet, daß Sylvia ermordet in ihrem Gästehaus liegt und er als sicherer Hauptverdächtiger fliehen müsse, wozu er Marlowes Hilfe benötige, fährt dieser ihn im Vertrauen auf seine Unschuld zu einem mexikanischen Flughafen. Dafür kommt er kurzzeitig ins Gefängnis, doch er verteidigt Lennox und verrät ihn nicht. Die Polizei sagt ihm, Lennox habe in Mexiko ein schriftliches Geständnis verfaßt und sich erschossen. Marlowe bezweifelt trotzdem seine Schuld, auch die Freiwilligkeit seines Todes, hält den Fall jedoch für nicht mehr lösbar und beendet. Aber dann entdeckt er in der reichen, attraktiven Mrs. Eileen Wade aus Idle Valley, die ihn mit der Suche nach ihrem alkoholsüchtigen Mann, dem Schriftsteller Roger Wade, betraut, den wirklichen Mörder der Sylvia Lennox. Eileen

Raymond Chandler
P.O. Box 128
La Jolla, California

SUMMER IN IDLE VALLEY

The first time I laid eyes on Terry Lennox he was
drunk in a Rolls-Royce Silver Dawn outside the terrace of
The Dancers. The parking lot attendant had brought the car
out and he was still holding the door open because Terry Lennox's
left foot was still dangling outside, as if he had forgotten
he had one. He had a young-looking face but his hair was bone
white. You could tell by his eyes that he was plastered to
the hairline, but otherwise he looked like any other nice
young guy in a dinner jacket who had been spending too much
money in a joint that exists for that purpose and for no other.

There was a girl beside him. Her hair was a lovely
shade of dark red and she had a distant smile on her lips and
over her shoulders she had a blue mink that almost made the
Rolls-Royce look like just another automobile. It didn't quite.
Nothing can.

The attendant was the usual half tough character in a
white coat with the name of the restaurant stitched across the
front of it in red. He was getting fed up.

"Look, mister," he said with an edge to his voice,
"would you mind a whole lot pulling your leg into the car so I
can kind of shut the door? Or should I open it all the way so
you can fall out?"

The girl gave him a look which ought to have stuck at
least four inches out of his back. It didn't bother him enough
to give him the shakes. At The Dancers they get the sort of

«The Long Goodbye», Anfang des Manuskripts

hatte 1942 Terry Lennox geheiratet und nach dessen spurlosem Verschwinden im Krieg Roger Wade geehelicht. Doch dann sah sie den totgeglaubten, einst so geliebten Lennox zusammen mit Sylvia zufällig auf einer Party wieder, und weil diese außerdem ein Verhältnis mit Roger Wade unterhielt, tötete sie die Frau in wilder Eifersucht. Als sie den davon wissenden Wade auch noch beseitigt, beweist ihr Marlowe den Doppelmord; sie schreibt ein Geständnis und bringt sich um. Marlowe gibt ihr

Bekenntnis einer Zeitung, um Terry Lennox zu rehabilitieren, und dies trotz starker Repressionen – seitens der Justiz, die an ihrem falschen Mörder Lennox festhält, seitens Mr. Potters, der aus Publicity-Gründen den Tod seiner Tochter unbeleuchtet lassen möchte, und seitens Lennox' Gauner-Freund Menendez, der Marlowe mehrfach empfahl, den Fall zu den Akten zu legen. Am Ende des Buchs erscheint ein ‹Fremder› bei Marlowe – der lebende, durch eine Gesichtsoperation verwandelte Terry Lennox – und will durch Lügen dessen inzwischen verstärkte Zweifel an seinem ‹Freitod› ausräumen. Marlowe erkennt ihn und eröffnet ihm, daß er die Wahrheit weiß: Lennox schrieb ein falsches Geständnis und ließ seinen ‹Selbstmord› von seinen alten Kriegsfreunden Menendez und Starr fingieren – erstens, um in Mexiko unbehelligt neu anzufangen, zweitens (vielleicht), um Eileen Wade zu schützen, und drittens, um seinem Schwiegervater Potter eine nähere Untersuchung des Mordes an Sylvia, die damit verbundene Erhellung ihres ausschweifenden sexuellen Lebenswandels und insgesamt geschäftsschädigendes Aufsehen zu ersparen. Terry Lennox, dem Marlowe uneigennützig half, dessen Schuldlosigkeit er nachwies, hat die ihm widerfahrenen Freundschaftsdienste übel vergolten. Von Anfang an täuschte er Marlowe – er kannte die Mörderin Sylvias –, zog ihn nicht ins Vertrauen, spielte sein eigenes Spiel ohne und gegen den, der sich für ihn verwandte und den er betrog und belog; und schließlich starb dadurch ein Mann – Roger Wade.

Man kann sich fragen, ob *Der lange Abschied* (der Roman sollte zuerst *Summer in Idle Valley* heißen), wie Chandler glaubt, sein bestes Buch ist. Er ist mit ausgereifter Virtuosität geschrieben und enthält Abschnitte unerreichter Intensität – und trotzdem, gerade im Vergleich zu den vorangegangenen Romanen, auch Indizien, die darauf hindeuten, daß Chandler die von ihm kreierte spezifische (Kriminal-)Romanform ausgereizt und sogar schon überreizt hat. Ablesbar ist dies einmal am signifikanten neuartigen Aufbau der Story. Kein Klient kommt zu Marlowe, ein Fall steht zunächst überhaupt nicht in Aussicht, und die Romanouvertüre – die Entwicklung der Freundschaft zwischen zwei Männern – weckt keinerlei Assoziationen an einen Kriminalroman, der sich auch lange verzögert, als solle er verborgen oder geleugnet werden. Wenn erst nach vier Kapiteln der erste Revolver in Anschlag gebracht wird, signalisiert das die im Ganzen verfolgte Strategie, das für den Kriminalroman Typische zugunsten einer (mit ihm innerlich unverbundenen) Idee zurückzudrängen: des dominierenden ‹menschlichen› Themas der Beziehung Terry Lennox–Marlowe. Diese Neuerung könnte Chandlers Angst vor der Verbrauchtheit seines Formtypus entspringen; wahrscheinlicher ist, daß er mit ihr endlich zum seriösen Roman finden will.

Nichtsdestoweniger zeitigt sie ungute Folgen. Der verdrängte Krimi-

Elliott Gould (rechts) als Marlowe in «The Long Goodbye»

nalroman bleibt bestehen – aber er verkommt zum Transporteur, zum Treibriemen des privaten Dramas zwischen Marlowe und Lennox, und dadurch verändert sich seine Rolle entscheidend. In allen vorherigen Romanen war er Medium der Realitätsbeschreibung, Spiegel des Allgemeinen, des Welt-Zustands; jetzt ist er subalternes Moment der persönlichen Geschichte Philip Marlowes geworden. Folglich wird die in ihm zur Entfaltung gelangte *seltsame korrupte Welt* (von Chandler explizit im Kontext dieses Romans zum Hauptgegenstand seiner Literatur bestimmt) im *Langen Abschied* zur Unterabteilung jener, im übrigen nicht vollendet klar ins Werk gesetzten Idee: des langen Abschieds Marlowes vom Ideal der ehrlichen, auf Gegenseitigkeit beruhenden Freundschaft, welche nicht lebbar, nicht zu bekommen ist.

Mit der so hergestellten Dominanz des Privaten gegenüber dem Allgemeinen entfernt sich Chandler vom Zentrum seiner Literaturtheorie, ohne sie jedoch in toto aufzukündigen. Er versucht ihren Ansprüchen weiterhin nachzukommen, aber weil sie nicht mehr im Brennpunkt seiner Absichten stehen, erscheinen sie im *Langen Abschied* in äußerlicher Weise und nur noch in der Form der Reminiszenz: langt man an dieser Station in Chandlers Romanwerk an, hat *die unangenehm riechende Welt* die Farblosigkeit des rekapitulierten Objekts angenommen. Das macht sich in einem regelrechten Aufmarsch der meisten Themenkomplexe der früheren Bücher bemerkbar. Der Angriff auf die schwerreichen, dekadenten Klassen, deren Sumpf die Doppelmörderin entstammt, der Verweis auf die Einheit von Kapital, Verbrechen und Politik, die Kritik der natürlichen Gewalt *in der Nacht der tausend Verbrechen* – das alles wird wiederholt, zuweilen emotional vermittelt und zu Bildern und Handlung verdichtet, häufiger aber bloß angesprochen: die *Wut* auf das dreckige Ganze, die Bernie Ohls, Marlowes alter Polizistenfreund aus dem *Großen Schlaf*, im Bauch fühlt, erklärt sich hart, doch blaß als Statement und Diskurs in den Zwischenräumen des anderen, souveränen Romanthemas, und in der Neigung zur Theorie reproduziert Chandler einen Fehler der *Kleinen Schwester*.

Jedoch ganz am Schluß des Romans, als Marlowe Terry Lennox bedeutet, daß sie nicht mehr zusammen in «Victor's Bar» trinken werden, siegt über Marlowes Leiden dennoch die an deren Rändern postierte kriminelle Lebenswirklichkeit – deren Symbol die Polizeimacht ist – und hat das letzte Wort im Buch. *Er drehte sich um, ging durchs Zimmer und hinaus... Ich lauschte seinen Schritten, als er den Korridor aus imitiertem Marmor hinunterging... Wollte ich vielleicht, daß er plötzlich stehenblieb und sich umdrehte und mir das Gefühl ausredete, das ich hatte? Nun, er tat es nicht. Ich habe ihn nie wiedergesehen.*

Ich habe keinen von ihnen allen wiedergesehen – außer den Bullen. Von denen Abschied zu nehmen, ist noch kein Mittel erfunden worden.[272] Es ist, als gestehe Chandler mit diesem Finalsatz, der nicht Marlowe, sondern *den Bullen* gehört, das Scheitern seines im *Langen Abschied* versuchten neuen Romankonzepts ein. Er hat am Ende des Romans selbst das Gefühl, daß es ein Fehler war, «Marlowe» zum Sujet zu machen statt «die Welt»; und indem er gleichsam ihre Repräsentanten das Buch beschließen läßt und ihnen, *den Bullen*, obendrein den zu Marlowe gehörigen Romantitel des (langen) *Abschieds* zuordnet, zeigt er dem Leser die Erkenntnis seines Fehlers an.

Marlowe

*Aber durch diese schäbigen Straßen muß ein Mann gehen,
der selbst nicht schäbig ist, der eine reine Weste hat und keine
Angst.*[273]

Obgleich Philip Marlowe erst im *Langen Abschied* aus dem Schatten seiner bloßen Privatdetektivexistenz heraustritt und zum exponierten Trä-
ger des Romanthemas avanciert, ist er immer Chandlers absolute Mittel-
punktfigur und seine bedeutendste Schöpfung. Marlowe ist der Mann,
der seinem Erfinder Weltruhm eintrug und als markanter, einmaliger
Charakter zur zeitlosen literarischen Kultperson wurde – ideal verkörpert
im filmischen Bild Humphrey Bogarts, der ihn von allen je aufgetretenen
Kino-Marlowes am vollkommensten und getreuesten erfaßte und ausge-
füllt hat.

Entwachsen aus der Groschenheft-Tradition der «tough guys» und vor-
moduliert zum individuellen Typ in Chandlers Detektivstories, kann Philip Marlowe der eindrucksvollste Detektiv der Literatur genannt werden,
dessen Person und Wirken im Leserbewußtsein mehr Spuren hinterlassen
haben als die ungezählten Kriminalromanhelden des 19. und 20. Jahrhunderts.

Vielleicht rührt seine besondere Ausstrahlung aus jener Mischung von
Realismus und Irrealismus, mit welcher Chandler ihn zum positiven und
dennoch glaubwürdigen Helden formte. Marlowe ist teils eine ‹reale› Person, ein realistischer Berufsdetektiv und kein künstliches, unwirkliches
Kriminalromanklischee. Zur anderen Hälfte aber ist er eine Fiktion, ein
mit bewußt idealen Zügen versehenes Phantasieprodukt, *die Personifika-
tion einer Haltung, die Übertreibung einer Möglichkeit*[274] und von daher
eine dem Leser angetragene Identifikationsfigur. Für Chandler selber
fungiert er als utopische Projektion und literarische Waffe gegenüber der
schlechten Wirklichkeit; er nennt Marlowe in seinen Briefen oft *meinen
Freund*, er identifiziert sich persönlich mit ihm, und Marlowes (geistige)
Erzählperspektive in den Romanen ist ohne Einschränkung diejenige seines Autors – wiewohl Chandler auch immer wieder betont, daß er nicht

Marlowe sei und daß man zwischen dieser Kunstfigur und seiner Person zu unterscheiden habe.

Patricia Highsmith tituliert den Detektiv treffend als die eine seiner beiden Lebens-«Bastionen», neben der anderen, der realen, Cissy. Es gelingt Chandlers hoher Kunst, seinen Protagonisten in dieser schwierigen Funktion nicht zur hohlen Märchenfigur, zum trostspendenden Heiligen abgleiten zu lassen, was manche seiner Kritiker allerdings nicht begriffen haben.

Wer ist Philip Marlowe? Sein Alter liegt zwischen 30 und 40 Jahren. Er war auf dem College, liebt Literatur und Musik und stammt aus der Provinz, von wo aus er vor Jahren nach Los Angeles kam, um die Öde und Spießigkeit einer kleinstädtischen Prosperität gegen *die dreckige, widerliche, vergaunerte Großstadt* einzutauschen. Irgendwann erwarb er die Detektiv-Lizenz, nachdem er seine Stellung als Ermittler für den Distriktanwalt von Los Angeles wegen notorischer Unbotmäßigkeit verlor. Seitdem sitzt er in einem schäbigen kleinen Büro in Hollywood und bestreitet seinen Lebensunterhalt mit der Abwicklung dubioser, gefährlicher, durchgehend wenig lukrativer Aufträge. Marlowe wäre auf Grund seiner Intelligenz und Zähigkeit fähig zum Erfolg. Aber sein Grundsatz, kein schmutziges Geld zu nehmen, seine mangelnde ‹soziale Anpassung› und seine sture Opposition gegenüber der korrupten Gesellschaft machen ihn zum mittellosen, un- und antibürgerlichen Außenseiter – einem *Mann, der ehrlich zu sein versucht... und am Ende mit sentimentalem oder einfach dummem Gesicht dasteht*[275]. Im amerikanischen Großstadtdschungel gefährdet solche Haltung massiv das Überleben. Am Leben zu bleiben, kämpfend und unter Wahrung seiner Würde und Souveränität, ist Marlowes erster Existenzzweck. Weitere Daseinsinhalte schöpft er aus seinem beruflichen Tun. Sein Beruf des Privatdetektivs hat verschiedene Dimensionen – sowohl real-unmittelbare als auch bildliche.

Privat ist Philip Marlowe in der engsten und bittersten Wortbedeutung: er ist einsam, ein Einzelgänger, dessen Lebensmaximen und Ansichten über die Welt von niemandem geteilt werden. Außer sporadischen freundschaftlichen Kontakten und stets flüchtigen Amouren mit Frauen gibt es in seiner Biographie keine sozialen Bindungen. Seine Nötigung, Schach mit sich selber zu spielen, ist für dieses Monadentum (das Chandlers Helden auch zum Abbild moderner bürgerlicher Subjektivität macht) ebenso charakteristisch wie Marlowes Wohnsituation: er wohnt strikt separat, zunächst in noch vergleichsweise gemeinschaftlichen Apartmenthäusern, dann im total vereinzelten gemieteten Haus. *Zu Hause in der Yucca Avenue stellte ich den Olds in die Garage und schielte in den Briefkasten. Nichts, wie üblich. Ich stieg die lange Treppe... hinauf und schloß meine Tür auf... Das Zimmer war muffig und düster und unpersönlich*

Humphrey Bogart (1946) mit Lauren Bacall...

...James Garner in «The Little Sister» (1968)...

. . . und Robert Mitchum (1976) in «The Big Sleep». . .

. . . und Elliott Gould in «The Long Goodbye» (1972) – viermal Marlowe

wie immer. Ich machte die zwei Fenster auf und mixte mir in der Küche einen Drink. Ich setzte mich auf die Couch und starrte an die Wand. Wo ich auch hinfuhr, was ich auch tat, immer würde ich hierher zurückkehren. Zu einer kahlen Wand in einem nichtssagenden Zimmer in einem nichtssagenden Haus. Ich stellte mein Glas auf ein Beistelltischchen, ohne davon getrunken zu haben. Alkohol half nicht dagegen. Nichts half dagegen als ein gepanzertes Herz, das von niemandem etwas verlangte.[276]

Auch als Reflex auf diese private Lage konstituieren sich Antrieb und Inhalt von Marlowes öffentlichem Tun, also seinem Detektiv-Beruf. *Ich höre nachts manchmal Schreie, und dann gehe ich nachsehn, was los ist. Dabei verdient man keinen Penny.*[277] Es ist der vorherrschende Zweck seines *übelriechenden* Jobs, fremden, in Nöte verstrickten Menschen seine Hilfe und seinen Schutz zu geben. General Sternwood, Moose Malloy, Merle Davis, Orfamay Quest, Terry Lennox oder Betty Mayfield (in *Playback*) sind für ihn individuelle Schicksalsträger, deren Bedrängnisse und Tragödien ihn mehr interessieren als die mit ihnen verbundenen Kriminalfälle und Honorare. Einem Parkplatzwächter im *Langen Abschied* gilt er daher zu Recht als *komischer Menschenfreund*, der auf verlorenem Posten humanitäre Dienste im lebensgefährlichen Leben versieht.

Hiervon abgesehen hat Marlowes Beruf des Detektivs eine den Wortsinn verallgemeinernde Qualität: die des Aufklärens. Indem er erstens seine Fälle nur mit den Mitteln des objektiven Denkens (d. h. ohne «Zufälle», «Eingebungen» u. ä.) löst, beweist er die Macht des forschenden Intellekts über die undurchsichtig, verrätselt erscheinende Empirie, die Überlegenheit des aufklärenden Verstandes gegenüber der Kraft und Herrschaft des Faktischen; und zweitens erhellt er durch Klärung der Kriminalfälle die sie produzierende dunkle gesellschaftliche Wirklichkeit. Er erkennt «das Böse» und seinen Boden, und kann er die Welt auch nicht ändern, so begreift er sie wenigstens.

Kein Gegenstand seiner detektivischen Anstrengungen sind die klassischen Ziele des Kriminalromanhelden – «Recht und Ordnung». An diesen Werten ist Marlowe konsequent desinteressiert: *«Sollen doch die Gesetzeshüter ihre dreckige Arbeit alleine machen.»*[278] Da er «das Gesetz» für käuflich und ungeeignet erachtet, Mord und Gewalt zu strafen und zu verhindern, mag er ihm nicht in die Hände arbeiten. Verbrechen und Unrecht bewegen ihn als menschliche Bedrohung, nicht als Verletzung des Rechts. Er überführt die Täter, doch ihre Auslieferung an die Justiz gehört nicht mehr zu seinem privatdetektivischen Selbstverständnis. Er läßt sie in der Regel entkommen; manchmal schützt oder deckt er sie (sofern sie z. B. Klienten sind), manipuliert Tatorte, verhält sich gefährlich illegal, falls sein persönliches Rechtsempfinden ihm dies nahelegt.

Sein ewiger Kampf mit der Polizei, deren meist gnadenlose Vertreter (er kennt positive Ausnahmen) er als genaue Abbilder der staatlichen Gerechtigkeit ansieht, ist das deutlichste Symptom dafür, daß Marlowe abweichende Vorstellungen von Recht und Ordnung hat.

Der Erfolg dieses Detektivs im Clinch mit der kriminellen Gesellschaft ist überwältigend gering. Gefallen kann er dem Leser nur als aufrechter und aufmüpfiger Verlierer – denn er erreicht wenig, außer hier und da Schmutz beiseite zu räumen und sich selbst treu zu bleiben. Man droht ihm, schlägt ihn nieder, will ihn zerstören, doch einen Philip Marlowe kann man nicht zum Gehorchen und Schweigen bringen. Er schlägt immer zurück, sei es tätig, sei es bevorzugt im Rededuell, und als ironischer Widersacher ist er seiner Umwelt allemal überlegen. *«Ihre Art gefällt mir nicht», sagte Kingsley...–«Das geht in Ordnung», sagte ich, «ich verkaufe sie sowieso nicht.»*[279]

Raymond Chandler hat Marlowe (der Ende der vierziger Jahre als Radio-Serienheld Furore machte) mitunter in Teilaspekten überzeichnet. Seine Männlichkeit ist oft übertrieben, seine Beliebtheit bei Frauen in ihrem Ausmaß peinlich. In *Playback* degeneriert er zum sentimentalen Ritter und schreitet am Ende zur Ehelichung einer Millionärin. Seine Demontage im Spätwerk kann nicht hindern, daß er im Leserbewußtsein der echte, wahre Philip Marlowe bleibt. *Ich sehe ihn eigentlich immer auf einer einsamen Straße, in einsamen Räumen, ratlos, doch nie ganz geschlagen.*[280]

Der Sturz ins Nichts

Der lange Abschied erschien Ende 1953 in England und im Frühjahr 1954 in den USA. Das Buch erhielt eine Menge positiver Besprechungen; in Großbritannien würdigte man es als literarisches Ereignis, und Chandler registrierte nicht ohne Süffisanz, daß in der BBC *ein Grüppchen sogenannter Intellektueller* über ihn debattierte. In Amerika bekam der Roman – der spät, 1972, unter dem Regisseur Robert Altman zum erstenmal verfilmt und zu einem grauenhaften, ‹zeitgemäßen›, die Vorlage lässig mißachtenden Chandler-Verschnitt heruntergebracht wurde – 1955 von den «Mystery Writers of America» den «Edgar» für den besten Kriminalroman des Jahres 1954. Es gehört zur Tragik in Chandlers Leben, daß der Höhepunkt seiner literarischen Laufbahn mit dem düstersten Tiefpunkt in seiner Biographie zusammenfallen mußte: am 12. Dezember 1954 verstarb Cissy, vierundachtzigjährig, in einem Krankenhaus. *Kurz nach Mittag ... es war ein Sonntag, rief mich die Schwester an und sagte, es ginge ihr sehr schlecht. Als ich eintraf, hatten sie das Sauerstoffzelt weggenommen, und sie lag mit halboffenen Augen da ... Der Arzt hatte ihr das Stethoskop aufs Herz gesetzt und horchte. Nach einer Weile trat er zurück und nickte. Ich schloß ihr die Augen, küßte sie und ging weg.*[281]

Ich habe mein Leben am Rande des Nichts gelebt[282], schrieb Chandler im Juli 1957, zwanzig Monate vor seinem Tod. Der Verlust seiner Frau riß nun die Schranke nieder, die ihn und den Abgrund immer voneinander getrennt hatte. Bei Cissys Beerdigung war er zu betrunken, um ihr vollständig beiwohnen zu können; und dann begann ein wirres Martyrium, ein Alptraum, der noch vier Jahre währen sollte.

Raymond Chandler verkaufte sofort das Haus, in dem er nicht weiter sein konnte, und plante für das Jahr 1955 einen längeren Aufenthalt in England, von wo aus er nach einigen Monaten nach La Jolla zurückzukehren gedachte, um sich hier in einem kleineren Haus neu einzurichten. Die Zeit bis zur Abreise verlief qualvoll. Er lebte in Cissys Zimmer, durchwachte die Nächte, hörte Schallplatten und trank. Nach mehreren Ankündigungen machte er am Nachmittag des 22. Februar 1955 in alkoholisiertem Zustand einen halb unbewußten, halbherzigen Selbstmordversuch. Die Polizei von La Jolla, mit der er zuvor telefonierte und die ihn schon ein paarmal von seinen Freitod-Drohungen abgebracht hatte («Ray war einer der Besten», sagten die Beamten später[283]), fand ihn mit einem Revolver in der Dusche sitzend – unversehrt, denn die beiden abgefeuerten Kugeln steckten in der Decke der Duschkabine. Chandler kam in die pychiatrische Abteilung des Kreiskrankenhauses und anschließend in ein Privatsanatorium, wo er seiner Erzählung zufolge *mit bloßem psychiatrischem Blabla* und Drogen behandelt wurde und nach einer Woche seine Entlassung erzwang. *Na schön, sagte ich, dann zeigen Sie mir einmal das Gesetz, das mich hier festhält. Es gab keins, und der leitende Mann da wußte das.*[284] War auch seine Lebenskraft gebrochen – sein Oppositionsgeist blieb unberührt. Die ganze Geschichte ging durch die Medien, und Chandler bekam viele anteilnehmende Leser-Briefe. Im März 1955 zog er aus seinem Haus aus, und über New York, von wo aus er seinen Freund Ralph Barrow besuchte und wo er sich im Krankenhaus einer Entziehungskur unterziehen mußte, reiste er im April mit dem Schiff nach England.[285]

In London quartiert sich Chandler, der gottlob wenigstens finanziell sorgenfrei ist, im «Connaught Hotel» ein; hier hatten Cissy und er auch 1952 gewohnt. Krank, alkoholsüchtig, zerrüttet von seiner Trauer und von Erinnerungen gepeinigt, gerät er in den Sog des literarischen Gesellschaftslebens der Stadt und versucht auf den zahlreichen Dinners und Parties, zu denen er dank seiner Beliebtheit geladen wird, sein Leid zu betäuben und zu ertränken. Diese für ihn ungewohnte Lebensform erschöpft und verändert ihn. Er ist seinem Element, dem stillen, isolierten Schriftstellerdasein in der abgeschirmten Sphäre La Jollas entrissen, und aus dem scheuen, zurückhaltenden, sich gleichsam im Hintergrund des Lebens aufhaltenden Autor Chandler, der seinen Charakter einmal als *eine unverträgliche Mischung aus äußerlicher Schüchternheit und innerlicher Arroganz*[286] beschrieb, wird ein extrovertierter und zusehends haltloser Gesellschaftsmensch. Seine Gemütsverfassung schwankt beständig zwischen euphorischer Hochstimmung und depressiver Niedergeschlagenheit, und die Gefährdung seiner Existenz, die sich in Alkoholräuschen langsam selbst tötet, wird allen, die um ihn sind, offenbar, obgleich sein Mut und sein zuweilen aufbrechender Humor ihn immer wieder aus den tiefsten Niederungen von Krankheit, Delirium, Verzweiflung und Einsamkeit emporreißen. Chandler kämpft – auch jetzt noch.

Die Pianistin Natasha Spender, Frau des Dichters Stephen Spender, die er bei Hamish und Yvonne Hamilton kennengelernt hat, nimmt sich warmherzig seines strudelnden Lebens an und organisiert mit ihren Freundinnen einen Tag-und-Nacht-Betreuungsdienst für Chandler, um ihn am Trinken und an seinen Selbstmordplänen zu hindern und ihn so weit zu stabilisieren, daß er wieder gefestigt und selbständig sein Dasein neu in die Hand nehmen kann. Die Frauen überwachen ihn regelrecht, damit ihm nichts zustößt, und Chandler geht mit ihnen Essen, überhäuft sie mit Geschenken und steigert sich ihnen gegenüber in absurde Don Quijote-Phantasien hinein, um so naiv seine Dankbarkeit zu bezeugen. Bald zieht er vom Hotel in eine Wohnung am Eaton Square. Er ist fortgesetzt krank, trinkt Unmengen und unterwirft sich zwischendurch heroischen Entziehungskuren, die er mit einer Willenskraft durchhält, die seine Ärzte in Erstaunen versetzt. Von einem Italien-Urlaub mit Natasha Spender kehrt er gestärkt nach London zurück. Im Herbst ist er in La Jolla, da er die gesetzlich erlaubte Aufenthaltsdauer in England überschritten hat; aber kurz darauf fliegt er wieder nach London, weil Natasha Spender erkrankt ist. Um sie für eine bevorstehende Operation zu stärken, reist er mit ihr nach Tanger.

In London erreichen seine Verstörtheit und Verwüstung am ersten Todestag Cissys einen Höhepunkt. Er hat ihren Tod noch immer nicht realisiert und sucht jemanden, der ihren Platz einnehmen könnte, eine Frau, an deren Seite er zu seinem früheren Leben in Arbeit und geborgener Einsamkeit zurückfinden könnte, und er bildet sich ein, daß Mrs. Spender diese Frau sei. Im Mai 1956 muß er Großbritannien wegen Erlöschens der Aufenthaltsgenehmigung verlassen. In New York bricht er zusammen und kommt ins Krankenhaus, und aus einer schlimmen Krise geht er einigermaßen ermutigt und aufgebaut hervor, so daß er nach La Jolla fahren kann. Er glaubt, daß es ihm trotz der Erinnerung an Cissy jetzt gelingen kann, hier Fuß zu fassen, und er bezieht im Apartmenthaus 6925 Neptune Place eine Wohnung. Doch bald befindet er sich erneut in einer Klinik. Ende des Jahres besucht ihn Mrs. Spender, und sie reisen zusammen durch Arizona und nach Palm Springs. Chandler trinkt, aber er spricht zum erstenmal wieder von seiner Arbeit – und von diversen, sich auf verschiedene Frauen beziehenden Heiratsplänen...

Anfang 1957 stöbert er seine alte Romanze *Englischer Sommer* auf und findet Vergnügen daran, sie um- bzw. neuzuschreiben. An dieser trivialromanähnlichen, ‹tragischen›, unsäglich kitschigen Liebesgeschichte erscheint nur wichtig, daß sie Chandler wieder in schriftstellerische Aktivitäten verwickelt und der verworrenen, ruinösen Lebensführung der beiden zurückliegenden Jahre Einhalt gebietet. Aus der Beschäftigung mit dem nichtigen Stoff schöpft er die Zuversicht und die Kraft, die es ihm ermöglichen, das schon 1953 zur Hälfte gediehene Manuskript seines siebten Romans *Playback* zu überarbeiten und weiterzuschreiben. Obwohl die Arbeit daran unter dem Trinken und einem abermaligen Sanatoriumsaufenthalt während des Sommers leidet, schließt er das Buch im Verlauf des Jahres ab – angespornt auch von seiner neuen englischen

Agentin Helga Greene, einer äußerst geschäftstüchtigen Frau, der er in London begegnet war und die sich dort etwas um ihn gekümmert hatte. Chandler empfand sie anfangs als wenig zugänglich, freundete sich jedoch dann mit ihr an, augenscheinlich in dem Maße, in dem sich seine Hoffnungen bezüglich Natasha Spenders als phantastisch erwiesen. Mrs. Greene besucht ihn Ende des Jahres, sie fahren nach Palm Springs, und im Februar 1958 kann Chandler *Playback* an Hamish Hamilton schicken.

Daß dieser letzte Roman sein schlechtester und mit den anderen nicht auf eine Stufe zu stellen ist, liegt nicht nur an den verheerenden Umständen, die seine Ausarbeitung begleiteten. Chandler selbst spürt bereits 1953 den tieferen, ausschlaggebenden Grund für den mit *Playback* eingetretenen extremen und nicht revidierbaren Qualitätsverlust seines Schreibens: *Ich leide unter einer... Krankheit, die (von mir) Atrophie der Erfindungskraft genannt wird. Ich schreibe, was das Zeug hält, aber ich langweile mich dabei. Und da dem so ist, wird es mir schwerlich mißlingen, andere damit noch schlimmer zu langweilen.*[287] 1957 erkennt er: *...es ist... so, daß ich glaube, ich bin über diese Sachen vielleicht doch hinausgewachsen.*[288] Was sich im *Langen Abschied* von ferne und im Nebel noch großer Meisterschaft ankündigt, enthüllt *Playback* ohne Gnade – Chandler hat seine Romanform an ihre äußersten Grenzen geführt und total ausgeschöpft. Im Grunde genommen befindet er sich nach dem *Langen Abschied* in der Situation Dashiell Hammetts, der eines Tages merkte, daß er sich in seinen Detektivstories nur noch wiederholte; woraufhin er keine und überhaupt nichts mehr schrieb. Chandler aber schreibt weiter, wider seine bessere Einsicht, und er muß es tun, um den Lebenswillen zu behalten.

Die Handlung von *Playback* (die sich von derjenigen des Drehbuchs sehr unterscheidet) kreist um das reiche Mädchen Betty Mayfield, das auf der Flucht vor ihrem Schwiegervater ist, der sie des Mordes an seinem Sohn Lee bezichtigt, obgleich sie keine Schuld hat und auch von einem ordentlichen Gericht von der Mordanklage freigesprochen wurde. Ohne um diese Hintergründe zu wissen, soll Marlowe im Auftrag eines Anwalts die Spur des Mädchens aufnehmen und es so ahnungslos dem Schwiegervater ausliefern. Doch er durchschaut die Zusammenhänge und rettet Betty Mayfield. Er folgt ihr in die Kleinstadt Esmeralda, wo sie sich verbergen will, wobei sie aber von einem gewissen Larry Mitchell begleitet wird, der ihre Geschichte kennt und sie erpreßt. Dieser Mann stürzt bald über die Balkonbrüstung eines Hotelzimmers; er bricht sich das Genick – und stirbt damit auf sehr ähnliche Weise wie Betty Mayfields Ehemann. Aber Marlowe klärt auf, daß Betty ihren Erpresser in Notwehr von sich stieß, dessen Leiche ihr Freund, der Exgangster Clark Brandon, dann im Meer verschwinden ließ. Indem Marlowe ihre Unschuld beweist, verhindert er auch ein Aufflackern jenes ersten Mordverdachts: denn hätte man Betty Mayfield der Tötung Larry Mitchells bezichtigen können, wäre sie – wegen der Gleichheit der Umstände – auch wieder als Gattenmörderin in Betracht gekommen.

Diese Story ist dünn, ohne Tiefe, und der Roman besteht aus ihrer zähen, in die Länge gezogenen Entwicklung, als deren Füllstoff schwülstige erotische Szenen, philosophische Reden und sogar die eine oder andere «Black Mask»-Prügelei dienen. Schon der Romaneingang (Anruf – Auftrag – Ermittlungen) mutet abgenutzt und wie mechanisch abgespult an, und alles erscheint in *Playback* als matte Reproduktion von Vergangenem. Die auftretenden Personen sind undeutliche Schatten und teilweise Klischees, die Dialoge fade, die Komik ist abgegriffen; und die Realitätsadaption – hier die Kontrastierung von Reichtum und Armut in Esmeralda (= La Jolla), der *Stadt für Reiche* – geschieht plakativ und

Lucky Luciano

proklamativ, dabei nicht ohne Sentimentalität, obwohl es Chandler an manchen Stellen gelingt, zu alter Schärfe und Pointierung zurückzukehren. Deprimierend aber ist das Ende des Buchs, Marlowes ‹Erlösung› durch Linda Loring, *das Acht-Millionen-Dollar-Mädchen* aus dem *Langen Abschied*, die ihn aus Paris anruft und heiraten will. *Die Luft war voller Musik*[289], lautet der Schlußsatz von *Playback*, und dieses abgeschmackte Happy-End entspricht der Geste der entkräfteten Versöhnung, die über dem ganzen Roman zu liegen scheint, in dem man zum Beispiel die Polizei vor lauter Güte, Anstand und Freundlichkeit nicht wiedererkennt. Es verwundert, daß weder Chandlers Verleger noch seine Agentin Helga Greene ihren Autor wenigstens von diesem Romanschluß abgebracht haben, der seinen traurigen Abgang von der Bühne der Literatur besiegelt.

Trotz alldem ist *Playback* die unwahrscheinliche Energieleistung eines Mannes, der noch ein Buch aus sich herausholte, wo die meisten in seiner Lage schon längst vor dem Leben kapituliert hätten. *Auf dem Fensterbrett kroch eine Biene mit zerfransten Flügeln an der Holzleiste entlang; sie summte auf eine blasse, müde Weise, als wüßte sie schon, es hatte keinen Zweck mehr, sie war am Ende, sie hatte zu viele Transporte geflogen und würde nie mehr in den Stock zurückgelangen. (Der lange Abschied)*[290]

Die letzten Korrekturen an *Playback* nimmt Chandler in London vor, wohin er im Februar 1958 – nach Auflösung seiner Wohnung am Neptune Place – in der Absicht geflogen ist, sich hier endgültig niederzulassen, woraus freilich nichts werden wird. Ihm folgen seine australische Sekretärin und deren zwei Kinder, und es setzt sich ein leidiges Drama fort, mit dem Chandler seit einem Jahr pausenlos beschäftigt ist. Bereits im Februar 1957 hatte er Natasha Spender begeistert von seiner neuen, ‹süßen› Sekretärin erzählt, die ihn umsorge und sich von ihrem Mann scheiden lassen wolle, in welche Angelegenheit sie Chandler völlig verstrickte, der seinerseits sofort die Rolle des ‹Beschützers› übernahm und von der Gründung einer Familie träumte, die sein Alleinsein aufheben könnte. Bald aber wuchsen ihm die (maßgeblich auch finanziellen) Ansprüche und Forderungen dieser Dulcinea über den Kopf, und in London fühlt er sich von ihnen derart bedrängt, daß er schnell wieder jegliche Balance verliert – wobei er gerade noch so viel Disziplin aufbringt, sich einer schon anberaumten gemeinsamen Reise nach Australien im letzten Augenblick zu entziehen.

Dafür läßt er sich von seinem Kollegen Ian Fleming dazu überreden, gelegentlich eines mit Helga Greene geplanten Capri-Urlaubs den Gangster Luciano Lucania («Lucky Luciano») in Neapel zu treffen und für die Londoner «Sunday Times» zu interviewen. Die Begegnung findet in überaus herzlicher Atmosphäre statt; Chandler und «Lucky» sind einander sympathisch, und Chandler verfaßt seinen aus juristischen Gründen nicht publizierten Artikel «Mein Freund Luco», in dem er sich verständnisvoll über den Gangsterboss und dessen Leben äußert.

Im Mai muß er in London wieder ins Krankenhaus, aber den Sommer über geht es ihm verhältnismäßig gut, zumal ihn ein Pfleger betreut. Natasha Spender, die er oft sieht, findet ihn ruhiger, ausgeglichener, ein wenig gelangweilt – und sehr gealtert. Er liest Gedichte in der BBC, tritt im Fernsehen auf und gibt Ian Fleming (in trunkenem Zustand) ein Funk-Interview. Im August fliegt er mit seinem Pfleger in die USA. In La Jolla erwarten ihn die inzwischen verwitwete Australierin und ihre – von ihm sehr geliebten – Kinder, und er kümmert sich, selbst im Hotel wohnend, um eine Unterkunft für sie. Er ist entnervt, trinkt und kommt in eine Klinik. Nach seiner Entlassung mietet er ein kleines Haus, 824 Prospect Street, in das er mit seinem Pfleger zieht. Es ist Chandlers letzte Adresse.

Halbwegs beruhigt und gefaßt geht er wieder an den Schreibtisch und arbeitet. Das Ergebnis ist zunächst die kurze Marlowe-Geschichte *Der Bleistift* (*The Pencil*), deren Druck er nicht mehr erleben wird. Diese Detektivstory überragt *Playback* um Klassen und schließt im Niveau an Chandlers letzte Kriminalerzählung von 1941, *Kein Verbrechen in den*

The Pencil
_____

He was a slightly fat man with a dishonest smile

that pulled the corners of his mouth out half an

inch leaving the thick lips tight, and his eyes

bleak. For a fattish man he had a slow walk. Most

fat men are brisk and light on their feet. He

wore a gray herrigbone suit and a handpainted tie

with part of a diving girl on it. His shirt was

clean, which comforted me, and his brown loafers, as

wrong as the tie for his suit, shone from a recent

polishing.

He sidled past me as I held the door between

the waiting room and my thinking parlor. Once

inside he took a quick look around. I'd have

placed him as a mobster second if I had been

asked. For once I was right. If he carried a

gun, it was inside his pants. His coat was too

tight to hide the bulge of an underarm holster.

He sat down carefully and I sat opposite and

«The Pencil», Anfang des Manuskripts

Bergen, an. Marlowe, der hier nicht mit Individualverbrechern, sondern mit einem übermächtigen, von Geschäftsleuten geleiteten Syndikat zu tun hat, ist nicht verheiratet und fast wieder der alte, wenngleich er, wie in Playback, den Frauenhelden und Herzensbrecher spielen muß und außerdem ungewohnt rabiat den harten Burschen mimt. Chandler wartet mit spritzigem Witz, feiner Psychologie und scharfer, (gesellschafts-)kritischer Tonlage auf. Der Unterschied sowohl zum vorhergehenden Roman als auch zu dem noch folgenden Romanfragment Die Poodle Springs

Story (*The Poodle Springs Story*) ist frappierend. Chandler sagt, er habe sich mit der Geschichte (auch) quälen müssen; doch in ihr, der Kurz-Form, kann er die Auszehrung seiner literarischen Praxis noch einmal überspielen.

Die Poodle Springs Story, die er ungeachtet seiner bei *Playback* vollzogenen Einsichten und Erfahrungen als nächsten Marlowe-Roman konzipiert und ebenfalls im Herbst 1958 beginnt, setzt hingegen in den vier Kapiteln, die Chandler von ihr noch zu Papier bringt, die unselige Tendenz des letzten Buchs fort. Chandlers um Veränderung und Sprengung der eingetretenen Langeweile bestrebte Idee besteht darin, die Charaktere und Lebensvorstellungen der nunmehr vereinten Eheleute Linda Loring und Philip Marlowe miteinander zu kontrastieren und diesen Gegensatz zu entwickeln – hier Linda Lorings müßiges Luxurieren, dort Marlowes Anspruch auf Selbständigkeit, Armut und die Fortführung seines schäbigen Detektivjobs. Diese Konstruktion ist in sich unsinnig und unglaubhaft und, was man von ihrer Ausführung noch lesen kann, wenig erquicklich. Man erblickt die Jungvermählten in Linda Lorings Villa in

824 Prospect Street – der Eingang des neuen Hauses
liegt im Hintergrund, hinter der Veranda

1958

Poodle Springs (Palm Springs) – deren Prunk nicht mehr mit ätzender, sondern gutmütiger Ironie bedacht wird –, hört ihre leeren Boulevard-Komödien-Dialoge und erhält Kenntnis von ihrem penetranten Sex-Hunger. Marlowe tut so, als käme er mit seinem neuen reichen Milieu nicht zurecht, geht auf die Suche nach einem Büro und bezeichnet sich allen Ernstes als ‹relativ arm›. Er plänkelt mit einer Polizisten-Blondine und macht mit primitiven, harten Sprüchen und seinem Colt zwei Ganoven fertig; danach redet er wieder Unsinn mit Linda Loring. Dies alles ist gründlich verfehlt und Chandlers unwürdig. Er hat das auch kurz vor seinem Tod in einem Brief selbst gesehen; und eine vollendete *Poodle Springs Story* hätte wahrscheinlich anders ausgesehen, als es ihr trübsinniger Anfang nahelegt, der womöglich über kurz oder lang in den Papierkorb gewandert wäre. Es gibt ihn, weil Chandlers Urteilskraft in der rauschhaften Konfusion seiner letzten Jahre mehr und mehr schwindet und zwischenzeitlich ganz versagt.

Diese Verwirrung des Denkens in einem zerfallenen Körper bestimmt den Verlauf der wenigen verbleibenden Lebensmonate. Chandler ist immer hinfälliger und hilfloser. Er wird vollends zum schwachen, beeinflußbaren, leichtgläubigen und senilen alten Mann. Er trinkt mehr denn je, kommt ins Krankenhaus, wird entlassen, trinkt weiter. Er ändert fortwährend sein Testament – einmal zugunsten einer Bekannten aus London, die ihm den Haushalt führt, dann wieder zum Nutzen der Australierin und schließlich im Sinne Mrs. Greenes, nachdem diese im Februar 1959 nach La Jolla gekommen ist und sich – Chandler liegt wieder in einer Klinik – endlich entschlossen hat, seinem zum wiederholten Male vorgebrachten Heiratsantrag stattzugeben. Noch einmal erhebt er sich vom Krankenbett. Er scheint glücklich zu sein, wie Natasha Spender aus einem letzten Telefonat mit ihm schließt, in dem er ihr mitteilt, er werde zu Helga Greene nach London übersiedeln. Anfang März wird die Wohnung in der Prospect Street aufgelöst. Chandler fährt mit Mrs. Greene nach New York, wo er seinen letzten öffentlichen Auftritt bestreitet und bei den «Mystery Writers of America», zu deren Präsident er gewählt worden ist, eine Dankesrede hält. Die Weiterreise nach England aber findet nicht statt. Offensichtlich auf Bitten seiner Sekretärin kehrt Chandler am 15. März nach La Jolla zurück – allein, unbegleitet von seiner Ehefrau in spe, die es vorzieht, ihn sich selbst zu überlassen. Das hat Folgen.

Raymond Chandler bezieht wieder das Haus in der Prospect Street, versinkt im Alkohol und ist ohne Beaufsichtigung. Mit einer Lungenentzündung – Resultat einer starken, unkontrollierten Erkältung, die er sich in New York zugezogen hat – wird er am 23. März ins Hospital gebracht und von dort zwei Tage später in eine andere Klinik überführt. Das Ende mag sich vollzogen haben, wie Chandler es in *Playback* von einem alten Mann visionsartig, mit ruhiger, ironisch getönter Akribie ausmalen läßt.

«Und ich werde mein nutzloses und wißbegieriges Dasein weiterführen, bis der Tag kommt, an dem man mich auf einer Bahre in das schöne, luftige Eckzimmer eines Krankenhauses bringt. Dann werden mir gestärkte weiße Drachen zu Diensten stehen. Man wird mir das Bett hochkurbeln und wieder herunterkurbeln. Tabletts mit diesem schrecklich lieblosen Kranken-

In Loving Memory
RAYMOND THORNTON CHANDLER
AUTHOR
JULY 23, 1888 — MAR. 26, 1959

hausessen werden hereinkommen. In kurzen Abständen werden Puls und Temperatur gemessen werden, unweigerlich immer dann, wenn ich gerade am Einschlafen bin. Ich werde daliegen und das Rascheln von gestärkten Röcken hören und das Geräusch von Gummischuhen auf dem aseptischen Fußboden, und im Lächeln des Arztes werde ich das stumme Grauen erkennen. Und nach einer Weile werden sie das Sauerstoffzelt über mich stellen und die Vorhänge um das kleine weiße Bett zuziehen, und ich werde, ohne daß ich es überhaupt merke, die einzige Sache in der Welt tun, die kein Mensch zweimal tun muß.»[291]

Raymond Chandler stirbt am Nachmittag des 26. März 1959, einem Donnerstag, im Alter von 70 Jahren. Kein Freund ist bei ihm.

Einen anderen Tod als diesen hätte er niemals erwartet.

Anmerkungen

Vorbemerkung

Zur häufig benutzten, derzeit einzigen verfügbaren deutschsprachigen Sammlung von Chandler-Briefen: Raymond Chandler: *Die simple Kunst des Mordes. Briefe, Essays, Notizen, eine Geschichte und ein Romanfragment* (Hg. von Dorothy Gardiner und Kathrine Sorley Walker. Neu übersetzt von Hans Wollschläger, Zürich 1975) muß folgendes gesagt werden: die Briefe in diesem Band – bei dem es sich um die vollständige Übertragung der englischen Originalausgabe *Raymond Chandler Speaking*. Edited by Dorothy Gardiner and Kathrine Sorley Walker, London 1962, handelt – werden mitunter insofern unkorrekt wiedergegeben, als Auslassungen, welche innerhalb der Originalbriefe vorgenommen wurden, nicht durchgehend kenntlich gemacht sind. Man trifft immer wieder auf zusammengekürzte Briefpassagen oder Sätze, die in dieser Form im Brieforiginal nicht stehen. Außerdem enthält der Band eine (ebenso von der englischen Vorlage übernommene) fehlerhafte «Chandler-Chronik» sowie des weiteren gelegentliche falsche Angaben in den erläuternden Brief-Fußnoten und in der Briefdatierung, die gleichfalls auf *Raymond Chandler Speaking* zurückgehen. (Nach Manuskriptabschluß ist eine Neuauflage der *Simplen Kunst des Mordes* erschienen, in der die – im folgenden nur z. T. benannten – verkehrten Angaben zu Chandlers Leben und Werk überwiegend korrigiert wurden.)

1 Raymond Chandler: *Der lange Abschied*. Zürich 1975. S. 276
2 Renate Giudice: «Darstellung und Funktion des Raumes im Romanwerk von Raymond Chandler». Frankfurt a. M. – Bern–Cirencester / U. K. 1979. S. 15
3 Ebd.
4 Ebd., S. 1
5 An Hardwick Moseley, 23. 3. 1954. In: *Die simple Kunst des Mordes...* (SK), a. a. O., S. 214
6 An Hilary Waugh, Oktober 1955. SK, S. 70
7 Philip Durham: Vorwort zu *Mord im Regen. Frühe Stories*. Zürich 1976. S. 7
8 Giudice, a. a. O., S. 16
9 An Hamish Hamilton, 10. 11. 1950. Zit. nach Frank MacShane (MS): «Raymond Chandler. Eine Biographie». Zürich 1984. S. 26
10 An James Sandoe, 20. 2. 1951. Zit. n. MS, a. a. O., S. 298
11 An Hardwick Moseley, 23. 3. 1954. SK, S. 214
12 An Charles W. Morton, 12. 10. 1944. SK, S. 268

13 An Bernice Baumgarten, 21.4.1949. Zit. n. MS, S. 263
14 An Alex Barris, 16.4.1949. Zit. n. MS, S. 87
15 An Erle Stanley Gardner, 29.1.1946. SK, S. 55
16 *Die simple Kunst des Mordes.* In: SK, S. 332
17 Ebd.
18 An James Sandoe, 17.10.1948. SK, S. 57/58
19 *Die kleine Schwester.* Zürich 1975. S. 217
20 Ulrich Schulz-Buschhaus: «Leonardo Sciascia oder die Beunruhigung des Kriminallesers». In: Erhard Schütz (Hg.), «Zur Aktualität des Kriminalromans». München 1978. S. 144
21 An George Harmon Coxe, 5.11.1940. Zit. n. MS, S. 151
22 An James Sandoe, 16.6.1949. SK, S. 66
23 An Hamish Hamilton, 13.5.1949. SK, S. 188
24 An Frederick Lewis Allen, 7.5.1948. SK, S. 276
25 Ulrich Schulz-Buschhaus: «Formen und Ideologien des Kriminalromans». Frankfurt a. M. 1975. S. 136
26 *Und so gibt es heute... Burschen, die mir mitteilen, ich hätte ein soziales Gewissen. P. Marlowe hat soviel soziales Gewissen wie ein Droschkengaul. Er hat ein persönliches Gewissen, was eine ganz, ganz andere Sache ist.* (An Dale Warren, 7.1.1945. SK, S. 269) Yaak Karsunke spricht den Romanen auf Grund ihres (deshalb) angeblich ganz anti-«operativen» Charakters eine kritische Substanz nahezu ab: «...ob man sie... dem ‹kritischen Kriminalroman› zurechnen kann, bleibt zweifelhaft. Chandler war von der Kompensationsfunktion von Literatur (im Gegensatz zu einer operativen) vollständig überzeugt und hat sie... perfekt bedient.» (Y.K.: «Ein Yankee an Sherlock Holmes' Hof». In: Schütz, a.a.O., S. 120/121) Es erstaunt die Logik, derzufolge nicht «operative» Werke – um was für Bücher es sich hierbei immer handeln mag und wann immer Bücher anfangen, sich diesen schweren Anwurf unweigerlich zuzuziehen – eo ipso unkritisch zu sein haben. Zum Vorwurf «Kompensatorische Literatur» hat Chandler einige passende Worte gesagt – vgl. *Die simple Kunst des Mordes*, a.a.O., S. 333
27 An Mrs. Robert J. Hogan, 8.3.1947. SK, S. 87/88 (dort datiert auf den 7.3.1947; vgl.: *Selected Letters of Raymond Chandler* [SL]. Edited by Frank MacShane. London 1983. S. 86–88)
28 An Carl Brandt, 21.12.1950. SK, S. 109 (dort unvollständig datiert auf «Ende 1950»; vgl. SL, S. 253–255)
29 *Die simple Kunst des Mordes*, a.a.O., S. 336
30 Ebd., S. 340
31 *Der große Schlaf.* Zürich 1974. S. 49
32 An Hamish Hamilton, 19.9.1951. SK, S. 112
33 Zit. n. MS, S. 143/144
34 Günter Bien: «Abenteuer und verborgene Wahrheit. Gibt es den literarischen Detektivroman?» In: «Hochland», 57. Jg., 1964/1965, München und Kempten, S. 466
35 Herbert Eisenreich: «Ein Dichter, der Krimis schrieb». In: «Die Furche», Wien 1977
36 Yaak Karsunke: «Zwei lange lausige Leben. Die Biographien von Hammett

    & Chandler». In: «Frankfurter Rundschau», 19.10.1985. Immerhin (und gottlob): «... so schlecht war Chandler auch wieder nicht.» (Ebd.)

37 Eckhard Finckh: «Raymond Chandler. ‹Zielscheibe›. ‹Heißer Wind›. Mit Materialien (Editionen für den Literaturunterricht. Hg.: Dietrich Steinbach)». Stuttgart 1979. S. 124

38 MacShane, a. a. O., S. 431

39 Ebd., S. 430

40 An Hamish Hamilton, 10.11.1950. SK, S. 15

41 *Interview* mit Irving Wallace, 24.8.1945. SK, S. 16

42 Natürlich hat man nicht versäumt, in Chandlers tiefe und dauerhafte Liebe zu seiner Mutter die einschlägige psychoanalytische Gewißheit hineinzufabulieren, es handle sich hier um die übliche, neurotisch gewachsene «extreme Mutterbindung», welche sich später, höchst folgerichtig, «in einem schon pathologischen Haß auf Homosexuelle manifestiert» hätte. (Karsunke, «Ein Yankee...», a. a. O., S. 120) Das ist Unfug. Denn einmal mag Chandler seine Mutter auf eine vielleicht nicht gewöhnliche, aber ganz normale Weise; zweitens hat er Homosexuelle niemals ‹gehaßt›, weder einfach noch mit krankhafter Energie. Chandler steht der Homosexualität zwar ohne Verständnis, ablehnend und in einer Haltung zuweilen an persönliche Aversion grenzender Kritik gegenüber. Dessen ungeachtet verschließt er sich keineswegs der Toleranz in dieser Frage (vgl. z. B. den Brief an Jean de Leon, 11.1.1957. In: «Tintenfaß 9». Hg. von Franz Sutter. Zürich 1983, S. 94) und verurteilt ausdrücklich jede Hatz auf Homosexuelle, d. h. *die Neigung des Pöbels, den Homosexuellen zu vernichten...* (An Dale Warren, 9.7.1949. SL, S. 185). (Übers. d. Autors)

43 MacShane, a. a. O., S. 18

44 An Jessica Tyndale, 18.1.1957. Zit. n. MS, S. 60

45 An Leroy A. Wright, 31.3.1957. SK, S. 16

46 Natasha Spender: «(Kompensation von Kindheitseindrücken)». Aus: «The World of Raymond Chandler». Hg. von Miriam Gross. London 1977. S. 131. In (und übers. von): Finckh, a. a. O., S. 148

47 An Hamish Hamilton, 15.7.1954. SK, S. 17

48 Spender, a. a. O., S. 148

49 Ebd.

50 An Helga Greene, 28.4.1957. Zit. n. MS, S. 27

51 Ebd.

52 Über Chandlers schulischen Werdegang vor seinem Public School-Eintritt können hier nur Vermutungen angestellt werden, da es dazu keine Informationen gibt. Frank MacShane meint im Hinblick auf die College-Vorbereitungszeit (Brief an den Autor vom 24.6.1986), er glaube, daß Chandler sie an einer der Dulwich School angegliederten Junior School abgeleistet habe. Dies ist möglich, aber unwahrscheinlich, da Raymond kaum über einen längeren Zeitraum hin fortwährend von Norwood nach Dulwich gefahren sein dürfte, wohin er ja erst im Jahr des Public School-Eintritts verzog.

53 An Wesley Hartley, 3.12.1957. SK, S. 18 (dort auf den 11.11.1957 datiert; vgl. SL, S. 457–461)

54 An Charles W. Morton, 20.11.1944. SL, S. 34 (Übers. d. Autors)

55 An Hamish Hamilton, 26.2.1945. SL, S. 49 (Übers. d. Autors)

56 Eric J. Hobsbawm: «Industrie und Empire. Britische Wirtschaftsgeschichte seit 1750». Frankfurt a. M. 1969. Bd. 1, S. 171

57 Vgl. George Brase: «Bildung und Erziehung in den englischen Public Schools». Bad Heilbrunn 1967

58 An Hamish Hamilton, 11. 1. 1950. Zit. n. MS, S. 21 (dort wird das Zitat – infolge eines Fußnotenchaos – fälschlicherweise einem Brief Chandlers an Blanche Knopf vom 14. 6. 1940 zugeschrieben [S. 456]. In der vorliegenden und zitierten deutschen Ausgabe der Biographie MacShanes – Originaltitel: «The Life of Raymond Chandler». New York 1976 – herrscht derlei Wirrwarr an mehreren Stellen. – Eine nach Manuskriptabschluß erschienene «Zweite, ergänzte Auflage» des Buches hat hier teilweise Überarbeitungen vorgenommen.)

59 An Jessica Tyndale, 28. 4. 1957. Zit. n. MS, S. 391

60 An Michael Gilbert, 19. 6. 1957. Zit. n. MS, S. 397/398 (dort wird wiederum eine falsche Quelle angegeben – «RC an Natasha Spender, 30. 5. 1957», S. 478)

61 Vgl. Karsunke: «Ein Yankee...», a. a. O., S. 119

62 An Leroy A. Wright, 31. 3. 1957. SK, S. 19

63 Notiz Chandlers im «Twentieth Century Authors' Supplement». SK, S. 18

64 «Blonder Traum». In: «Der Spiegel» 36, 30. 8. 1976

65 An Hamish Hamilton, 11. 12. 1950. SK, S. 21 – Jedoch nimmt Chandler während oder nach der Schulzeit an einem Fernkursus teil, der sich mit den handwerklichen Erfordernissen des Schreibens von Kurzgeschichten befaßt.

66 An Leroy A. Wright, 31. 3. 1957. SK, S. 19

67 An Hamish Hamilton, 11. 12. 1950. Zit. n. MS, S. 34

68 An Leroy A. Wright, 31. 1. 1957. SK, S. 19

69 An Hamish Hamilton, 11. 12. 1950. SK, S. 22

70 Hobsbawm, a. a. O., Bd. 2, S. 29

71 Ebd., S. 112

72 An Hamish Hamilton, 10. 11. 1950. SL, S. 236 (Übers. d. Autors). In der vorliegenden Ausgabe der Simplen Kunst des Mordes... wird dieser Briefabschnitt analog zur Vorlage Raymond Chandler Speaking erstens lückenhaft wiedergegeben und zweitens zu Beginn mit dem erfundenen Zusatz «1919» versehen, wodurch die historische Bezugnahme der Briefaussage eine verwirrende Verfälschung erfährt. (Vgl. SK, S. 24 und Raymond Chandler Speaking [RCS], S. 25)

73 Sowohl in Die simple Kunst des Mordes... als auch in Raymond Chandler Speaking steht eine falsche Fußnote des Inhalts, daß Chandler 1914 – also drei Jahre vor Kriegseintritt der USA – in die kanadische Armee eingetreten wäre. (vgl. SK, S. 23 und RCS, S. 25)

74 An Hamish Hamilton, 10. 11. 1950. SK, S. 23

75 Ebd., S. 23/24

76 Vgl. MacShane, a. a. O., S. 55 – Chandler wurde nicht – wie in Die simple Kunst des Mordes... (S. 23, Fußn. 1, «Chandler-Chronik», S. 11) und Raymond Chandler Speaking (S. 25, Fußn. 1, «Curriculum Vitae», S. 12) zu lesen ist – in England entlassen; auch kehrte er nicht, wie in beiden Büchern an gleichem Ort behauptet wird, 1919 mit seiner Mutter nach Kalifornien zurück, da Mrs. Chandler dort verblieben war.

77 An Hamish Hamilton, 10.11.1950. SK, S. 24
78 An Helga Greene, 5.5.1957. Zit. n. MS, S. 63
79 An Helga Greene, 5.5.1957. SK, S. 24/25
80 An Hamish Hamilton, 15.7.1954. SL, S. 367 (Übers. d. Autors)
81 An Dale Warren, 5.5.1949. Zit. n. MS, S. 192
82 An Hamish Hamilton, 10.11.1950. SK, S. 24
83 An Hamish Hamilton, 10.11.1950. SL, S. 236 (Übers. d. Autors)
84 An Helga Greene, 5.5.1957. Zit. n. MS, S. 65
85 «Fischer Weltgeschichte, Band 30: Die Vereinigten Staaten von Amerika». Frankfurt a. M. 1977. S. 331
86 An William Gault, undatiert (zwischen Februar und März 1949). Zit. n. MS, S. 99/100
87 *Bier in der Mütze des Oberfeldwebels (oder Die Sonne niest auch)*. In: *Englischer Sommer. Drei Geschichten und Parodien, Aufsätze, Skizzen und Notizen aus dem Nachlaß*. Zürich 1980. S. 155
88 Ebd., S. 158
89 *Lebwohl, mein Liebling*. Zürich 1976. S. 169
90 An Hamish Hamilton, 10.11.1950. SK, S. 25
91 Vgl. Brief an Erle Stanley Gardner, 29.1.1946. SL, S. 67
92 Rainer Burkhardt: «Die ‹hartgesottene› Amerikanische Detektivgeschichte und ihre gesellschaftliche Funktion». Frankfurt a. M. 1978. S. 178
93 *Vorwort* zu *Erpresser schießen nicht und andere Detektivstories*. Zürich 1980. S. 7/8 (Chandler schrieb diese Worte ursprünglich 1950 in einem Artikel für die «Saturday Review of Literature» – vgl. MacShane, a.a.O., S. 461, Fußn. 44)
94 Julian Symons: «(Analysieren und Nachahmen)». Aus: «The World of Raymond Chandler», a.a.O., S. 22. In (und übers. von) Finckh, a.a.O., S. 129
95 An Cleve F. Adams, 4.9.1948. SK, S. 56 – Chandler und Hammett begegneten einander übrigens nur ein einziges Mal – am 11. Januar 1936 bei einem Essen der «Black Mask»-Autoren in Los Angeles. Danach sahen sie sich nie wieder und korrespondierten auch nicht miteinander.
96 Burkhardt, a.a.O., S. 151
97 Dashiell Hammett: «Der Malteser Falke». Zürich 1974. S. 184
98 Dashiell Hammett: «Der dünne Mann». Zürich 1976. S. 115
99 An Paul Brooks, 19.7.1949. SL, S. 187 (Übers. d. Autors)
100 An Bernice Baumgarten, 8.11.1949. SK, S. 284
101 An James Sandoe, 3.5.1949. SK, S. 281
102 *Vorwort* zu *Erpresser schießen nicht...*, a.a.O., S. 9
103 *Erpresser schießen nicht*, ebd., S. 96
104 Ebd., S. 48
105 An Alfred A. Knopf, 12.1.1946. Zit. n. MS, S. 86
106 An Frederick Lewis Allen, 7.5.1948. SK, S. 276
107 *Vorwort* zu *Erpresser schießen nicht...*, a.a.O., S. 10
108 MacShane, a.a.O., S. 100
109 *Der superkluge Mord*. In: *Erpresser schießen nicht...*, a.a.O., S. 178
110 Ebd., S. 221
111 *Einfache Chancen*, ebd., S. 139
112 *Mord im Regen*. In: *Mord im Regen...*, a.a.O., S. 28

113 Ebd., S. 65
114 *Spanisches Blut*. In: *Der König in Gelb und andere Detektivstories*. Zürich 1980. S. 65
115 Ebd., S. 64
116 *Der Mann, der Hunde liebte*. In: *Mord im Regen* . . . , a. a. O., S. 86
117 *Zierfische*. In: *Der König in Gelb* . . . , a. a. O., S. 121/122
118 Ebd., S. 113
119 *Der Vorhang*. In: *Mord im Regen* . . . , a. a. O., S. 131
120 *Cherchez la femme*, ebd., S. 161
121 Ebd., S. 162
122 Ebd., S. 168
123 *Mandarin-Jade*, ebd., S. 211
124 An Bernice Baumgarten, 14. 5. 1952. SK, S. 295
125 Ebd.
126 *Blutiger Wind*. In: *Der König in Gelb* . . . , a. a. O., S. 237
127 An Helga Greene, 25. 5. 1957. SK, S. 114
128 An Charles W. Morton, 15. 1. 1945. SK, S. 85
129 *Die simple Kunst des Mordes*, a. a. O., S. 322
130 Ebd.
131 Ebd., S. 338
132 Ebd., S. 321
133 Ebd., S. 330
134 Ebd., S. 339 (Hervorh. v. Autor)
135 Karl Anders: «Der Kriminalroman: Versuch einer Einordnung». In: Jochen Vogt (Hg.), «Der Kriminalroman. Zur Theorie und Geschichte einer Gattung». München 1971. Bd. 2, S. 538
136 *Die simple Kunst des Mordes*, a. a. O., S. 322
137 Ebd., S. 331/332
138 Ebd., S. 323
139 Ebd., S. 335 (Hervorh. v. Autor)
140 Ebd., S. 337
141 Ebd., S. 338/339
142 *Beiläufige Anmerkungen zum Kriminalroman*. In: *Die simple Kunst des Mordes* . . . , a. a. O., S. 73
143 Ebd.
144 Ebd.
145 Ebd., S. 72
146 *Die simple Kunst des Mordes*, a. a. O., S. 339
147 An Joseph Sistrom, 16. 12. 1947. SK, S. 159
148 *Beiläufige Anmerkungen zum Kriminalroman*, a. a. O., S. 74
149 *Die simple Kunst des Mordes*, a. a. O., S. 332
150 Ebd., S. 334
151 An William Koshland, 2. 11. 1938. Zit. n. MS, S. 119
152 An Hamish Hamilton, 21. 3. 1949. SK, S. 279
153 *Der große Schlaf*, a. a. O., S. 9
154 Ebd., S. 10
155 Ebd., S. 13
156 Ebd., S. 188

157 Ebd., S. 5
158 Ebd., S. 20
159 Ebd., S. 57
160 Ebd., S. 126
161 An John Houseman, etwa Oktober 1949. Zit. n. «Tintenfaß 9», a. a. O., S. 61
162 An Dale Warren, 7. 1. 1945. SK, S. 270
163 *Der lange Abschied*, a. a. O., S. 280
164 Mars' Hunger nach den Sternwood-Millionen hat unmittelbar die Ermordung Harry Jones' (der starb, als er Wissen verkaufen wollte) und den durch Marlowe herbeigeführten Tod des Schergen Canino zur Folge. Owen Taylors Mord an Geiger geschieht aus Liebe zu Carmen, ist aber tiefer betrachtet ebenso durch *rasende Eifersucht* (*Der große Schlaf*, a. a. O., S. 96) – also das terroristische Geltendmachen des sich absolut setzenden bürgerlichen Anspruchs auf Privateigentum – motiviert wie die Rache Carol Lundgrens am vermeintlichen Geiger-Mörder Joe Brody – der seinerseits für jenen zum Mordverdächtigen wurde, als er nach Geigers Ende dessen Geschäft plünderte, um mit dem Inventar Profit zu machen.
165 *Der große Schlaf*, a. a. O., S. 111
166 Ebd., S. 173
167 Ebd., S. 130
168 Vgl. *Die simple Kunst des Mordes*, a. a. O., S. 341
169 Vgl. *Der große Schlaf*, a. a. O., Kap. 17, S. 88
170 Vgl. Marlowes erste Konfrontation mit Mars in Kap. 13; die Szene mit Brody, Agnes Lozelle, Carmen und Marlowe in Brodys Apartment (Carmens Schuß auf Brody trifft eine Fensterscheibe, Marlowe entwaffnet alle Personen), Kap. 15; Carmens mißglückter Mordversuch an Marlowe (Marlowe hat ihren Revolver mit Platzpatronen gefüllt), Kap. 31.
171 Vgl. Kap. 6, S. 31; Kap. 16, S. 84; Kap. 26, S. 152/153
172 Ebd., S. 153
173 Ferner verarbeitete Chandler kleinere Partien aus *Mandarine-Jade, Einfache Chancen, Der Mann, der Hunde liebte*.
174 An Alfred A. Knopf, 19. 2. 1939. SK, S. 263
175 Vgl. Brief an Alfred A. Knopf, 19. 2. 1939. Zit. n. MS, S. 129
176 Theodor Fontane: «Über Zolas Romane». In: «Theorie und Technik des Romans im 19. Jahrhundert». Tübingen 1970. S. 68
177 Giudice, a. a. O.
178 *Der große Schlaf*, a. a. O., S. 8
179 Vgl. Giudice, a. a. O., S. 35
180 *Der große Schlaf*, a. a. O., S. 7
181 Giudice, a. a. O., S. 34
182 *Der große Schlaf*, a. a. O., S. 17
183 Vgl. ebd., S. 114
184 Vgl. ebd., S. 32, 119
185 Giudice, a. a. O., S. 58
186 Vgl. *Der große Schlaf*, a. a. O., S. 6, 60
187 Vgl. ebd., S. 139 – Mars' Augen haben einen *schrägen Blick* (S. 60) und einen um so eindringlicheren Bezug zum *schrägen, grauen Regen* (S. 139).
188 Vgl. Brief an Helga Greene, 31. 1. 1957. SK, S. 303

189 Arbeitsplan aus Chandlers Notizbuch von 1939. SK, S. 261

190 Ebd., S. 262

191 An Blanche Knopf, 23. 8. 1939. SK, S. 263

192 In ihr greift Chandler auf seine Stories *Der Mann, der Hunde liebte, Cherchez la femme, Mandarin-Jade* sowie (zu sehr geringen Teilen) *Gefahr ist mein Geschäft* zurück.

193 *Lebwohl, mein Liebling*, a. a. O., S. 127

194 Ebd., S. 301

195 Ebd., S. 144

196 Ebd., S. 272

197 Ebd., S. 262/263

198 Ebd., S. 194

199 Ebd., S. 239/240

200 An Dale Warren, 15. 9. 1949. SK, S. 283

201 *Lebwohl, mein Liebling*, a. a. O., S. 52/53

202 Ebd., S. 164

203 An Blanche Knopf, 15. 3. 1942. SK, S. 265

204 Vgl. *Das hohe Fenster*. Zürich 1975. S. 256

205 Giudice, a. a. O., S. 115

206 *Das hohe Fenster*, a. a. O., S. 5

207 Ebd., S. 40

208 Vgl. ebd., S. 107

209 Vgl. ebd., Kap. 5

210 Ebd., S. 138

211 Ebd., S. 71

212 Ebd.

213 Ebd., S. 72

214 Ebd.

215 Ebd., S. 77

216 Vgl. ebd., S. 82

217 Ebd., S. 134/135

218 Ebd., S. 134

219 Ebd., S. 133

220 Ebd., S. 134

221 An Alex Barris, 16. 4. 1949. SK, S. 162

222 *Lebwohl, mein Liebling*, a. a. O., S. 298

223 *Die Tote im See* (Roman). Zürich 1976. S. 179/180

224 Ebd., S. 181/182

225 Giudice, a. a. O., S. 142/143

226 Ebd., S. 237

227 *Die Tote im See* (Roman), a. a. O., S. 67

228 Ebd., S. 36

229 Ebd., S. 119–122 – In der Story *Die Tote im See* findet der Detektiv John Dalmas in einer frühen Fassung dieser Szene die ‹Urfigur› Chris Laverys, Lancelot Goodwin, tot in seinem Haus und stellt nach Verlassen des Tatorts einen bezeichnenden Vergleich an: *Das Ganze hatte nicht länger als eine halbe Stunde gedauert. Mir war freilich zumute, als hätte ich inzwischen den ganzen Bürgerkrieg mitgemacht.* (*Die Tote im See.* In: *Mord im Regen…*, a. a. O., S. 365)

230 *Die Tote im See* (Roman), a. a. O., S. 106

231 Giudice, a. a. O., S. 154

232 *Die Tote im See* (Roman), a. a. O., S. 272

233 Karsunke, «Ein Yankee...», a. a. O., S. 121

234 Vgl. ebd.

235 An Hamish Hamilton, 10. 11. 1950. SK, S. 167

236 An Dale Warren, 7. 11. 1951. SK, S. 170

237 John Houseman: «Vergessene vierzehn Tage». In: *Englischer Sommer...*, a. a. O., S. 216

238 Ebd., S. 214

239 Ebd., S. 216

240 *Schriftsteller in Hollywood.* In: *Die simple Kunst des Mordes...*, a. a. O., S. 148

241 Ebd.

242 Zit. n. Robert Presnell Jr. Zit. n. MS, S. 174

243 *Schriftsteller in Hollywood*, a. a. O., S. 143/144

244 Ebd., S. 147

245 Ebd., S. 145

246 An Alfred A. Knopf, 12. 1. 1946. SK, S. 154

247 An Alex Barris, 18. 3. 1949. SK, S. 26/27

248 An George Harmon Coxe, 9. 4. 1939. SL, S. 8 (Übers. d. Autors)

249 An Dale Warren, 2. 10. 1946. SK, S. 26

250 An Hamish Hamilton, Anfang 1946. SK, S. 183

251 *Zehn Prozent vom Leben.* In: *Die simple Kunst des Mordes...*, a. a. O., S. 197 – *Was den Aufsatz über die Agenten betrifft, so glaube ich... daß ich mich noch viel zu freundlich über sie geäußert habe. Aber als ich letzte Woche eines Morgens die Zeitung aufschlug, sah ich, daß es endlich doch einmal passiert ist: jemand hat einen erschossen. Das ist zwar vermutlich aus den falschen Gründen geschehen, aber wenigstens war es ein Schritt in die richtige Richtung.* (An Charles W. Morton, 17. 12. 1951. SK, S. 196)

252 An Hamish Hamilton, 13. 5. 1949. SK, S. 187/188

253 An Miss Aron, 11. 1. 1946. Zit. n. «Tintenfaß 9», a. a. O., S. 66

254 An Dale Warren, 7. 1. 1945. SK, S. 270

255 Vgl. an James Sandoe, 27. 1. 1948. SL, S. 106/107

256 Eher ihm gemäß ist eine hübsche Episode, von der MacShane erzählt, wonach Chandler in einem Restaurant in La Jolla die Aufforderung des anwesenden damaligen FBI-Chefs J. Edgar Hoover, doch bitte einmal an dessen Tisch zu kommen, mit der Entgegnung quittierte, Hoover solle sich gefälligst zum Teufel scheren. (Vgl. MacShane, a. a. O., S. 205/206)

257 *Wie ein anständiger Mensch nach... den Moskauer Prozessen, der ukrainischen Hungersnot, den arktischen Gefangenenlagern, der ganz widerwärtigen Vergewaltigung Berlins durch mongolische Truppen Kommunist werden kann, ist fast unbegreiflich...* (An James Sandoe, 20. 9. 1949. Zit. n. «Tintenfaß 9», a. a. O., S. 60.) In Chandlers letztem Roman *Playback* werden von einem alten Mann, der Züge des Autors trägt, *«ein gekaufter Killer oder ein KZ-Kommandant oder ein Angehöriger des Politbüros»* auf eine Stufe miteinander gestellt. (*Playback*. Zürich 1976. S. 135)

258 Im *Hohen Fenster* dagegen läßt Chandler (s. S. 76) einen Polizisten und Mar-

lowe in gewisser Weise zwischen beiden differenzieren (und die Gesprächs-
partner implizit für die Revolution plädieren); der Bezug auf die Sowjet-Union als ‹die falschen Leute›, in deren Hände Revolutionen gerieten, wird dadurch deutlich, daß Marlowe zuvor das russische Wort *«Tovarišč»* = «Genos-
se» verwendet.

259 An Charles W. Morton, 14. 2. 1955. SK, S. 176
260 An Carl Brandt, 11. 5. 1948. SK, S. 186
261 An Hamish Hamilton, 19. 8. 1948. SK, S. 277/278
262 *Die kleine Schwester*, a. a. O., S. 217
263 Ebd., S. 110
264 Giudice, a. a. O., S. 172
265 *Die kleine Schwester*, a. a. O., S. 93
266 Ebd., S. 7
267 An Hamish Hamilton, 4. 9. 1950. SK, S. 163
268 An Alfred Hitchcock, 6. 12. 1950. Zit. n. «Tintenfaß 9», a. a. O., S. 78
269 An Jean de Leon, 11. 2. 1957. Zit. n. «Tintenfaß 9», a. a. O., S. 96
270 Ebd.
271 An Leonard Russel, 29. 12. 1954. Zit. n. «Tintenfaß 9», a. a. O., S. 91
272 *Der lange Abschied*, a. a. O., S. 381
273 *Die simple Kunst des Mordes*, a. a. O., S. 341
274 An Leroy A. Wright, 12. 4. 1950. Zit. n. MS, S. 116
275 An Bernice Baumgarten, 14. 5. 1952. SK, S. 295
276 *Playback*, a. a. O., S. 189/190
277 *Der lange Abschied*, a. a. O., S. 283
278 Ebd., S. 319
279 *Die Tote im See* (Roman), a. a. O., S. 9
280 An Maurice Guinness, 21. 2. 1959. SK, S. 317
281 An Hamish Hamilton, 5. 1. 1955. SK, S. 35
282 An Deirdre Gartrell, 25. 7. 1957. SL, S. 455 (Übers. d. Autors)
283 SK, S. 37
284 An Roger Machell, 5. 3. 1955. SK, S. 40
285 Die rein biographischen Angaben zu Chandlers letzten Jahren beruhen weit-
     gehend auf den Schilderungen Frank MacShanes und Natasha Spenders («His
     Own Long Goodbye». In: Miriam Gross [Hg.], «The World of Raymond
     Chandler», a. a. O., S. 130f).
286 An Hamish Hamilton, 24. 1. 1949. Zit. n. MS, S. 14
287 An H. N. Swanson, 14. 3. 1953. SK, S. 299
288 An Helga Greene, 31. 1. 1957. SK, S. 303
289 *Playback*, a. a. O., S. 192
290 *Der lange Abschied*, a. a. O., S. 157
291 *Playback*, a. a. O., S. 130/131

Zeittafel

1888	23. Juli: Raymond Thornton Chandler wird in Chicago geboren; einziges Kind des Ingenieurs Maurice Benjamin Chandler und dessen Frau Florence Dart, geb. Thornton
1895	Scheidung der Eltern. Die Mutter zieht mit dem siebenjährigen Raymond nach England (London)
1900–1905	Tagesschüler am Londoner Dulwich College. Typische Public School-Erziehung. Anschließend Studienaufenthalt in Frankreich und Deutschland zwecks Vorbereitung für eine Karriere im Staatsdienst
1907	Besteht das Eingangsexamen für den Staatsdienst bei der Admiralität. Sechsmonatige Bürotätigkeit im Marineministerium
1908–1912	Dasein als ‹Dichter›, ‹freier› Autor, Journalist, Übersetzer. Verfaßt Gedichte, Rezensionen, Essays, Artikel usw. Schreibt für «The Westminster Gazette», «The Academy», «The Spectator», «The Daily Express». Lebt in Bloomsbury. Erdrückender Geldmangel
1912	Auswanderung nach Amerika (Kalifornien)
1912–1917	Bestreitet in Los Angeles seinen Lebensunterhalt durch wechselnde Arbeiten. Läßt seine Mutter in die USA kommen und versorgt sie
1917	Freiwilliger Eintritt in die kanadische Armee; Teilnahme am Ersten Weltkrieg. 1919 in Vancouver aus der Armee entlassen. Rückkehr nach Los Angeles
1919–1932	Geht verschiedenen Tätigkeiten nach und kommt über Beziehungen ins Ölgeschäft. Aufstieg zum Vizepräsidenten in Joseph B. Dabneys South Basin Oil Company
1924	Tod der Mutter. – Im Februar Heirat mit Cissy Pascal (Pearl Eugenie Hurlburt, geb. 1870)
1932	Verliert während der Depression seine Stellung und wird arbeitslos. Beginnt ernsthaft zu schreiben und seine Laufbahn als Schriftsteller
1933	Publiziert in der «Black Mask» seine erste Kriminalstory *Blackmailers Don't Shoot*
1934–1939	Veröffentlichung weiterer Kriminalstories
1939	Der erste Roman *The Big Sleep* erscheint bei Alfred A. Knopf (New York) und Hamish Hamilton (London). *The Bronze Door* (phantastische Geschichte)
1940	Der Roman *Farewell, My Lovely* erscheint bei Alfred A. Knopf und Hamish Hamilton

1941	Erste Verfilmung von *Farewell, My Lovely* («The Falcon Takes Over»)
1942	Der Roman *The High Window* erscheint bei Alfred A. Knopf
1943	*The High Window* erscheint bei Hamish Hamilton. Beginn der Tätigkeit als Drehbuchautor in Hollywood. Verfaßt mit Billy Wilder das Skript des Films «Double Indemnity». Der Roman *The Lady in the Lake* erscheint bei Alfred A. Knopf
1944	*The Lady in the Lake* erscheint bei Hamish Hamilton. *The Simple Art of Murder* (Essay)
1945	Schreibt das Originaldrehbuch *The Blue Dahlia*. *Writers in Hollywood* (Essay)
1946	Howard Hawks verfilmt *The Big Sleep*. Rückzug aus Hollywood. Ansiedlung in La Jolla, Kalifornien
1947	Schreibt das nie realisierte Drehbuch *Playback*
1949	Der Roman *The Litte Sister* erscheint bei Hamish Hamilton und Houghton Mifflin Company (Boston)
1950	Verfaßt für Alfred Hitchcock das (von Czenzi Ormonde revidierte) Drehbuch zu «Strangers on a Train». Schreibt die zu Lebzeiten ungedruckte Kurzgeschichte *A Couple of Writers*
1951	*Professor Bingo's Snuff* (phantastische Geschichte)
1952	*Ten Per Cent of Your Life* (Essay). Reise mit Cissy nach England
1953	Der Roman *The Long Goodbye* erscheint bei Hamish Hamilton
1954	*The Long Goodbye* erscheint bei Houghton Mifflin. – 12. Dezember: Cissys Tod
1955	22. Februar: Selbstmordversuch. März: Auflösung des Hausstandes in La Jolla und Reise nach England
1955–1958	Lebt abwechselnd in London und La Jolla. Schwerer Alkoholismus, Zusammenbrüche, Krankheiten, Klinikaufenthalte
1958	Der Roman *Playback* erscheint bei Hamish Hamilton und Houghton Mifflin. Letzter Wohnsitz in La Jolla (Spätsommer). Schreibt die postum erschienene Kriminalstory *The Pencil* und das Romanfragment *The Poodle Springs Story*
1959	Wahl zum Präsidenten der «Mystery Writers of America». 26. März: Raymond Chandler stirbt in einem Krankenhaus. Beerdigung auf dem Mount Hope Cemetery von San Diego

Zeugnisse

Er reduziert die leuchtende kalifornische Szene auf blanke Verzweiflung, geleerte Flaschen und einen Berg Zigarettenkippen unter sinnlosem Neonlicht, viel geschickter, als es Aldous Huxley und all die anderen können; für mein Gefühl vermittelt er fast besser als sonst jemand das Scheitern eines Lebens, dem irgendwie eine Dimension fehlt und bei dem jeder sich entweder nachdenklich fragt, was nicht in Ordnung ist, oder barbarische Abkürzungen nach Nirgendwo einschlägt.

J. B. Priestley. 1949

Sein Name wird mit Sicherheit in das runde Dutzend jener Kriminalschriftsteller eingehen, die auch Neuerer und Stilisten waren; die nach dem gewöhnlichen Erz des Kriminalromans gruben und das Gold der Literatur zutage förderten.

«The Times» (London). 1959

Was Chandler vor seinen Mitstreitern auf dem Feld des Blutes und der Verbrechen auszeichnet, ist seine humanistische Bildung, ist seine Literatur- und Geschichtskenntnis ebenso wie seine Lebenserfahrung, und ist vor allem seine Fähigkeit, einen Charakter, eine Situation, einen Hintergrund mit einem Dutzend Worte zu umreißen... Er spricht unentwegt von der ‹Magie› des Schreibens, und damit meint er letzten Endes einfach den Gebrauch des rechten Worts am rechten Platz.

Dorothy Gardiner. 1962

Chandler ist weit über den Horizont dessen hinausgegangen, was man unter einem gewöhnlichen Kriminalroman versteht. Weil in diesen Geschichten das bloße Interesse für den Mord zurücktritt hinter der Teilnahme für das menschliche Elend, gehört Chandlers Thematik in den Bereich dessen, was wir als ‹ernste› Literatur zu bezeichnen pflegen.

Philip Durham. 1964

ZEICHEN DER ZEIT

1888

Raymond Chandler wird geboren,
mit ihm erblicken ...

...Eugene O'Neill, Thomas Eliot, Tschiang Kai-schek und Renée Sinte-nis in diesem Jahr das Licht der Welt.

In Deutschland ist es das Dreikaiserjahr: Wilhelm I. stirbt am 9. März, sein Sohn und Nachfolger Friedrich III. nur drei Monate später, dessen Sohn besteigt als Wilhelm II. den Thron.

Die Verfassung der Vereinigten Staaten von Amerika ist jetzt hundert Jahre alt. Den Pfandbrief gibt es seit 119 Jahren.

Pfandbrief und Kommunalobligation

Meistgekaufte deutsche Wertpapiere - hoher Zinsertrag - bei allen Banken und Sparkassen

Verbriefte Sicherheit

Keiner seiner zahlreichen Nachahmer erreichte Chandlers Niveau.

Gerôme von Gebsattel. 1964

Nach seiner Meinung seien Marlowe und seinesgleichen die letzten ehrlichen Männer, die es in unserer Gesellschaft noch gebe; sie erledigten ihre Aufträge und nähmen ihren Lohn; sie seien nicht habsüchtig, und sie kämen nicht dadurch in der Welt voran, daß sie anderen aufs Gesicht träten; weder strebten sie nach der Weltherrschaft noch versuchten sie, ihre eigene Schwäche durch das Herumstoßen anderer zu kompensieren. Es sei in der Tat so, daß Marlowe die einzige Haltung verkörpere, die ein Mann mit Selbstachtung und Anstand in der heutigen beutegierigen und brutalen Welt noch verteidigen könne.

John Houseman. 1965

Er war einer der ersten Detektivromanautoren, der sich ständig mit einer gewissen Besessenheit um Form, Stil und ästhetischen Status des Detektivromans bemühte... Es ist in der Geschichte der Detektivliteratur sicherlich Chandlers Verdienst, daß er den Detektivroman literaturfähig gemacht hat.

Jens-Peter Becker. 1975

Er erfuhr das Leben mit großer Intensität, und das trug dazu bei, ihn zu einem der besten Romanautoren seiner Zeit werden zu lassen, mit einer emotionalen Spannweite, an die nur wenige seiner Zeitgenossen heranreichten... Doch die emotionale Feinfühligkeit, die seine literarische Leistung ermöglichte, machte ihn als Menschen unglücklich.

Frank MacShane. 1976

Und damit entsteht auch ein Bild von Los Angeles und von amerikanischen Sitten? Das Bild ist sowohl klar als auch farbig, wie ein Aquarell von Edward Burra oder ein Gemälde von Leger, mit kräftigen, kompromißlosen Konturen. Chandler konnte in sechs Worte stets eine Menge hineinpacken.

Patricia Highsmith. 1977

Raymond Chandler ist... einer der großen amerikanischen Schriftsteller dieses Jahrhunderts gewesen.

Alfred Marquart. 1984

Bibliographie

I. Bibliographie

Bruccoli, Matthew J.: Raymond Chandler. A Descriptive Bibliography. Pittsburgh 1979

II. Englische Originalausgaben (Erstausgaben)

1. Frühe Poesie und Prosa

Chandler before Marlowe: Raymond Chandler's Early Prose and Poetry, 1908–1912. Edited by Matthew J. Bruccoli. University of South Carolina Press 1973

2. Geschichten (Zeitschriften)

Blackmailers Don't Shoot. In: Black Mask, December 1933
Smart-Aleck Kill. In: Black Mask, July 1934
Finger Man. In: Black Mask, October 1934
Killer in the Rain. In: Black Mask, January 1935
Nevada Gas. In: Black Mask, June 1935
Spanish Blood. In: Black Mask, November 1935
Guns at Cyrano's. In: Black Mask, January 1936
The Man Who Liked Dogs. In: Black Mask, March 1936
Noon Street Nemesis (Späterer Titel: Pick-up on Noon Street). In: Detective Fiction Weekly, May 1936
Goldfish. In: Black Mask, June 1936
The Curtain. In: Black Mask, September 1936
Try the Girl. In: Black Mask, January 1937
Mandarin's Jade. In: Dime Detective Magazine, November 1937
Red Wind. In: Dime Detective Magazine, January 1938
The King in Yellow. In: Dime Detective Magazine, March 1938
Bay City Blues. In: Dime Detective Magazine, June 1938
The Lady in the Lake. In: Dime Detective Magazine, January 1939
Pearls Are a Nuisance. In: Dime Detective Magazine, April 1939
Trouble Is My Business. In: Dime Detective Magazine, August 1939

I'll Be Waiting. In: The Saturday Evening Post, 14. October 1939
The Bronze Door. In: Unknown, November 1939
No Crime in the Mountains. In: Detective Story, September 1941
Professor Bingo's Snuff. In: Park East Magazine, June–August 1951; auch in: Go, June–July 1951

3. Geschichten (Sammelbände; Auswahl)

Five Murderers. New York (Avon) 1944
Five Sinister Characters. New York (Avon) 1945
Finger Man and other stories. New York (Avon) 1947
The Simple Art of Murder. Boston (Houghton Mifflin) 1950
The Simple Art of Murder. London (Hamish Hamilton) 1950
Killer in the Rain. London (Hamish Hamilton) 1964; Boston (Houghton Mifflin) 1964
The Smell of Fear. London (Hamish Hamilton) 1965

4. Postum veröffentlichte Geschichten

The Pencil (andere Titel: Marlowe Takes on the Syndicate; Wrong Pigeon; Philip Marlowe's Last Case). In: London Daily Mail, 6–10 April 1959
A Couple of Writers. In: Raymond Chandler Speaking. Edited by DOROTHY GARDINER and KATHRINE SORLEY WALKER. London (Hamish Hamilton) 1962; Boston (Houghton Mifflin) 1962
The Poodle Springs Story (Romanfragment). In: Raymond Chandler Speaking. Edited by DOROTHY GARDINER and KATHRINE SORLEY WALKER. London (Hamish Hamilton) 1962; Boston (Houghton Mifflin) 1962
English Summer. A Gothic Romance. In: Antaeus, Autumn 1976

5. Romane

The Big Sleep. New York (Alfred A. Knopf) 1939; London (Hamish Hamilton) 1939
Farewell, My Lovely. New York (Alfred A. Knopf) 1940; London (Hamish Hamilton) 1940
The High Window. New York (Alfred A. Knopf) 1942; London (Hamish Hamilton) 1943
The Lady in the Lake. New York (Alfred A. Knopf) 1943: London (Hamish Hamilton) 1944
The Little Sister. London (Hamish Hamilton) 1949; Boston (Houghton Mifflin) 1949
The Long Goodbye. London (Hamish Hamilton) 1953; Boston (Houghton Mifflin) 1954
Playback. London (Hamish Hamilton) 1958; Boston (Houghton Mifflin) 1958

6. Essays, Aufsätze, Artikel (Auswahl)

The Simple Art of Murder. In: The Atlantic Monthly, December 1944 (Revidierte Fassung in: The Saturday Review of Literature, 15 April 1950)
Writers in Hollywood. In: The Atlantic Monthly, November 1945
The Hollywood Bowl. In: The Atlantic Monthly, January 1947
Oscar Night in Hollywood. In: The Atlantic Monthly, March 1948
Ten Per Cent of Your Life. In: The Atlantic Monthly, February 1952
The Detective Story as an Art Form. In: The Crime Writer, Spring 1959

7. Drehbücher

Double Indemnity. Screenplay by RAYMOND CHANDLER and BILLY WILDER. In: Best Film Plays – 1945. Edited by JOHN GASSNER and DUDLEY NICHOLS. New York (Crown) 1946
The Blue Dahlia. A Screenplay. With a Memoir by JOHN HOUSEMAN. Edited, with an Afterword by MATTHEW J. BRUCCOLI. Carbondale (Southern Illinois University Press) 1976; London (Hamish Hamilton) 1976

8. Briefe und Biographisches

Raymond Chandler Speaking. Edited by DOROTHY GARDINER and KATHRINE SORLEY WALKER. London (Hamish Hamilton) 1962; Boston (Houghton Mifflin) 1962
The Notebooks of Raymond Chandler and English Summer, a Gothic Romance. Edited by FRANK MACSHANE. New York (Ecco) 1976; London (Weidenfeld and Nicolson) 1977
Selected Letters of Raymond Chandler. Edited by FRANK MACSHANE. New York 1981; London (Jonathan Cape) 1981; London (Papermac) 1983

III. Deutsche Ausgaben

a) Werkausgaben

Raymond Chandler. Werkausgabe in 13 Bänden. In erstmals vollständigen und vollständig neuen Übersetzungen von HELLMUTH KARASEK, GUNAR ORTLEPP, WALTER E. RICHARTZ, WULF TEICHMANN, URS WIDMER und HANS WOLL-SCHLÄGER. Zürich (Diogenes) 1980 (Neuauflage 1988)

b) Einzelausgaben

1. Geschichten

Erpresser schießen nicht. Deutsch von WILM W. ELWENSPOEK. Frankfurt a. M. (Ullstein) 1960
Erpresser schießen nicht. Deutsch von HANS WOLLSCHLÄGER. In: Gesammelte Detektivstories. Zürich (Diogenes) 1976. Auch in: Erpresser schießen nicht. Zürich (Diogenes) 1980

Zu raffinierter Mord. Deutsch von WILM W. ELWENSPOEK. In: Der König in Gelb. Frankfurt a. M. (Ullstein) 1959
Der superkluge Mord. Deutsch von HANS WOLLSCHLÄGER. In: Gesammelte Detektivstories. Zürich (Diogenes) 1976. Auch in: Erpresser schießen nicht. Zürich (Diogenes) 1980

Gesteuertes Spiel. Deutsch von WILM W. ELWENSPOEK. In: Der König in Gelb. Frankfurt a. M. (Ullstein) 1959
Einfache Chancen. Deutsch von HANS WOLLSCHLÄGER. In: Gesammelte Detektivstories. Zürich (Diogenes) 1976. Auch in: Erpresser schießen nicht. Zürich (Diogenes) 1980

Mord bei Regen. Deutsch von WILM W. ELWENSPOEK. Frankfurt a. M.–Berlin (Ullstein) 1966
Mord im Regen. Deutsch von HANS WOLLSCHLÄGER. Zürich (Diogenes) 1976

Nevada Gas. Deutsch von WILM W. ELWENSPOEK. In: Erpresser schießen nicht. Frankfurt a. M. (Ullstein) 1960
Nevada-Gas. Deutsch von HANS WOLLSCHLÄGER. In: Gesammelte Detektivstories. Zürich (Diogenes) 1976. Auch in: Erpresser schießen nicht. Zürich (Diogenes) 1980

Spanisches Blut. Deutsch von WILM W. ELWENSPOEK. Frankfurt a. M. (Ullstein) 1960
Spanisches Blut. Deutsch von HANS WOLLSCHLÄGER. In: Gesammelte Detektivstories. Zürich (Diogenes) 1976. Auch in: Der König in Gelb. Zürich (Diogenes) 1980

Schüsse bei Cyrano. Deutsch von WILM W. ELWENSPOEK. In: Gefahr ist mein Geschäft. Frankfurt a. M. (Ullstein) 1959
Schüsse bei Cyrano. Deutsch von HANS WOLLSCHLÄGER. In: Gesammelte Detektivstories. Zürich (Diogenes) 1976. Auch in: Der König in Gelb. Zürich (Diogenes) 1980

Der Mann, der Hunde liebte. Deutsch von WILM W. ELWENSPOEK. In: Mord bei Regen. Frankfurt a. M. (Ullstein) 1966
Der Mann, der Hunde liebte. Deutsch von HANS WOLLSCHLÄGER. In: Mord im Regen. Zürich (Diogenes) 1976

Auf Noon Street aufgegriffen. Deutsch von WILM W. ELWENSPOEK. In: Spanisches Blut. Frankfurt a. M. (Ullstein) 1960
Straßenbekanntschaft Noon Street. Deutsch von HANS WOLLSCHLÄGER. In: Gesammelte Detektivstories. Zürich (Diogenes) 1976. Auch in: Gefahr ist mein Geschäft. Zürich (Diogenes) 1980

Stichwort Goldfisch. Deutsch von WILM W. ELWENSPOEK. In: Gefahr ist mein Geschäft. Frankfurt a. M. (Ullstein) 1959
Zierfische. Deutsch von HANS WOLLSCHLÄGER. In: Gesammelte Detektivstories. Zürich (Diogenes) 1976. Auch in: Der König in Gelb. Zürich (Diogenes) 1980

Zielscheibe. Deutsch von WILM W. ELWENSPOEK. In: Mord in der Salbeischlucht. Frankfurt a. M. (Ullstein) 1969

Der Vorhang. Deutsch von HANS WOLLSCHLÄGER. In: Mord im Regen. Zürich (Diogenes) 1976

Heim zu Beulah. Deutsch von WILM W. ELWENSPOEK. In: Mord in der Salbeischlucht. Frankfurt a. M. (Ullstein) 1969

Cherchez la femme. Deutsch von HANS WOLLSCHLÄGER. In: Mord im Regen. Zürich (Diogenes) 1976

Mord in der Salbeischlucht. Deutsch von WILM W. ELWENSPOEK. Frankfurt a. M. (Ullstein) 1969

Mandarin-Jade. Deutsch von HANS WOLLSCHLÄGER. In: Mord im Regen. Zürich (Diogenes) 1976

Heißer Wind. Deutsch von WILM W. ELWENSPOEK. In: Gefahr ist mein Geschäft. Frankfurt a. M. (Ullstein) 1959

Roter Wind. Deutsch von HANS WOLLSCHLÄGER. In: Gesammelte Detektivstories. Zürich (Diogenes) 1976. Auch in: Der König in Gelb. Zürich (Diogenes) 1980

Der König in Gelb. Deutsch von WILM W. ELWENSPOEK. Frankfurt a. M. (Ullstein) 1959

Der König in Gelb. Deutsch von HANS WOLLSCHLÄGER. In: Gesammelte Detektivstories. Zürich (Diogenes) 1976. Auch in: Der König in Gelb. Zürich (Diogenes) 1980

Mord aus dem Handgelenk. Deutsch von WILM W. ELWENSPOEK. Frankfurt a. M. (Ullstein) 1968

Bay City Blues. Deutsch von HANS WOLLSCHLÄGER. In. Mord im Regen. Zürich (Diogenes) 1976

Die Frau im Bergsee. Deutsch von WILM W. ELWENSPOEK. In: Mord bei Regen. Frankfurt a. M. (Ullstein) 1966

Die Tote im See. Deutsch von HANS WOLLSCHLÄGER. In: Mord im Regen. Zürich (Diogenes) 1976

Ärger wegen Perlen. Deutsch von WILM W. ELWENSPOEK. In: Spanisches Blut. Frankfurt a. M. (Ullstein) 1960

Perlen sind eine Plage. Deutsch von HANS WOLLSCHLÄGER. In: Gesammelte Detektivstories. Zürich (Diogenes) 1976. Auch in: Gefahr ist mein Geschäft. Zürich (Diogenes) 1980

Gefahr ist mein Geschäft. Deutsch von WILM W. ELWENSPOEK. Frankfurt a. M. (Ullstein) 1959

Gefahr ist mein Geschäft. Deutsch von HANS WOLLSCHLÄGER. In: Gesammelte Detektivstories. Zürich (Diogenes) 1976. Auch in: Gefahr ist mein Geschäft. Zürich (Diogenes) 1980

Ich werde warten. Deutsch von WILM W. ELWENSPOEK. In: Gefahr ist mein Geschäft. Frankfurt a. M. (Ullstein) 1959
Ich werde warten. Deutsch von HANS WOLLSCHLÄGER. In: Gesammelte Detektivstories. Zürich (Diogenes) 1976. Auch in: Erpresser schießen nicht. Zürich (Diogenes) 1980

Die Bronzetür. Deutsch von LORE PUSCHERT. In: Professor Bingos Schnupfpulver / Die Bronzetür. Frankfurt a. M. (Ullstein) 1976
Die Bronzetür. Deutsch von HANS WOLLSCHLÄGER. In: Luzifer läßt grüßen. Teuflische Geschichten gesammelt von PETER HAINING. Tübingen (Wunderlich) 1976. Auch in: Englischer Sommer. Zürich (Diogenes) 1980

Geld im Schuh. Deutsch von WILM W. ELWENSPOEK. In: Mord aus dem Handgelenk. Frankfurt a. M. (Ullstein) 1968
Kein Verbrechen in den Bergen. Deutsch von HANS WOLLSCHLÄGER. In: Mord im Regen. Zürich (Diogenes) 1976

Professor Bingos Schnupfpulver. Deutsch von WALTER SPIEGL. Frankfurt a. M. (Ullstein) 1976
Professor Bingos Schnupfpulver. Deutsch von WULF TEICHMANN. In: Englischer Sommer. Zürich (Diogenes) 1980

Der Bleistift. Deutsch von WILM W. ELWENSPOEK. In: Erpresser schießen nicht. Frankfurt a. M. (Ullstein) 1960
Der Bleistift. Deutsch von HANS WOLLSCHLÄGER. In. Gesammelte Detektivstories. Zürich (Diogenes) 1976. Auch in: Gefahr ist mein Geschäft. Zürich (Diogenes) 1980

Ein Schriftstellerehepaar. Deutsch von WILM W. ELWENSPOEK. In: Chandler über Chandler. Frankfurt a. M. (Ullstein) 1965
Ein Schriftstellerehepaar. Deutsch von HANS WOLLSCHLÄGER. In: Die simple Kunst des Mordes. Zürich (Diogenes) 1975

Die Poodle Springs Story. Deutsch von WILM W. ELWENSPOEK. In: Chandler über Chandler. Frankfurt a. M. (Ullstein) 1965
Die Poodle Springs Story. Deutsch von HANS WOLLSCHLÄGER. In. Die simple Kunst des Mordes. Zürich (Diogenes) 1975

Englischer Sommer. Deutsch von WULF TEICHMANN. Zürich (Diogenes) 1980

2. Geschichten (Sammelbände)

Gefahr ist mein Geschäft. Deutsch von WILM W. ELWENSPOEK. Frankfurt a. M. (Ullstein) 1959
Der König in Gelb. Deutsch von WILM W. ELWENSPOEK. Frankfurt a. M. (Ullstein) 1959
Spanisches Blut. Deutsch von WILM W. ELWENSPOEK. Frankfurt a. M. (Ullstein) 1960

145

Erpresser schießen nicht. Deutsch von Wilm W. Elwenspoek. Frankfurt a. M. (Ullstein) 1960

Mord bei Regen. Deutsch von Wilm W. Elwenspoek. Frankfurt a. M.–Berlin (Ullstein) 1966

Gefahr ist mein Geschäft. Deutsch von Wilm W. Elwenspoek. Zürich (Diogenes) 1967

Mord aus dem Handgelenk. Deutsch von Wilm W. Elwenspoek. Frankfurt a. M.–Berlin (Ullstein) 1968

Mord in der Salbeischlucht. Deutsch von Wilm W. Elwenspoek. Frankfurt a. M.–Berlin (Ullstein) 1969

Professor Bingos Schnupfpulver / Die Bronzetür. Deutsch von Walter Spiegl und Lore Puschert. Frankfurt a. M.–Berlin–Wien (Ullstein) 1976

Mord im Regen. Frühe Stories. Deutsch von Hans Wollschläger. Zürich (Diogenes) 1976

Gesammelte Detektivstories. Deutsch von Hans Wollschläger. Zürich (Diogenes) 1976

Erpresser schießen nicht. Deutsch von Hans Wollschläger. Zürich (Diogenes) 1980

Der König in Gelb. Deutsch von Hans Wollschläger. Zürich (Diogenes) 1980

Gefahr ist mein Geschäft. Deutsch von Hans Wollschläger. Zürich (Diogenes) 1980

Straßenbekanntschaft Noon Street. Deutsch von Hans Wollschläger. Frankfurt a. M. (Suhrkamp) 1978

Englischer Sommer. Deutsch von Wulf Teichmann und Hans Wollschläger. Zürich (Diogenes) 1980

3. Romane

Der tiefe Schlaf. Deutsch von Mary Brand. Nürnberg (Nest) 1950; Frankfurt a. M. (Das goldene Vlies) 1956; Frankfurt a. M. (Ullstein) 1958

Der große Schlaf. Deutsch von Gunar Ortlepp. Zürich (Diogenes) 1974

Lebewohl, mein Liebling. Deutsch von Thomas A. Martin. Bern (Ascha) 1953

Betrogen und gesühnt. Deutsch von Georg Kahn-Ackermann. München–Wien–Basel (Desch) 1958

Lebwohl, mein Liebling. Deutsch von Wulf Teichmann. Zürich (Diogenes) 1976

Das hohe Fenster. Deutsch von Mary Brand. Nürnberg (Nest) 1952; Frankfurt a. M. (Ullstein) 1956

Das hohe Fenster. Deutsch von Urs Widmer. Zürich (Diogenes) 1975

Einer weiß mehr. Deutsch von Mary Brand. Nürnberg (Nest) 1949; Frankfurt a. M. (Das goldene Vlies) 1955

Die Tote im See. Deutsch von Hellmuth Karasek. Zürich (Diogenes) 1976

Die kleine Schwester. Deutsch von Peter Fischer. Nürnberg (Nest) 1953; Frankfurt a. M. (Ullstein) 1957

Die kleine Schwester. Deutsch von W. E. Richartz. Zürich (Diogenes) 1975

Der lange Abschied. Deutsch von PETER FISCHER. Nürnberg (Nest) 1954; Frankfurt a. M. (Das goldene Vlies) 1956; Frankfurt a. M. (Ullstein) 1958 [gekürzte Ausgaben]
Der lange Abschied. Deutsch von HANS WOLLSCHLÄGER. Zürich (Diogenes) 1975

Spiel im Dunkel. Deutsch von GEORG KAHN-ACKERMANN. München–Wien–Basel (Desch) 1958
Playback. Deutsch von WULF TEICHMANN. Zürich (Diogenes) 1976

4. Essays, Aufsätze, Artikel (Auswahl)

Mord ist keine Kunst. Deutsch von WILM W. ELWENSPOEK. In: Spanisches Blut. Frankfurt a. M. (Ullstein) 1960
Die simple Kunst des Mordes. Deutsch von HANS WOLLSCHLÄGER. In: Die simple Kunst des Mordes. Zürich (Diogenes) 1975

Schriftsteller in Hollywood. Deutsch von WILM W. ELWENSPOEK. In: Chandler über Chandler. Frankfurt a. M. (Ullstein) 1965
Schriftsteller in Hollywood. Deutsch von HANS WOLLSCHLÄGER. In: Die simple Kunst des Mordes. Zürich (Diogenes) 1975

Oscar-Abend in Hollywood. Deutsch von WULF TEICHMANN. In: Englischer Sommer. Zürich (Diogenes) 1980
Zehn Prozent des Lebens. Deutsch von WILM W. ELWENSPOEK. In: Chandler über Chandler. Frankfurt a. M. (Ullstein) 1965
Zehn Prozent vom Leben. Deutsch von HANS WOLLSCHLÄGER. In: Die simple Kunst des Mordes. Zürich (Diogenes) 1975

5. Briefe und Biographisches

Chandler über Chandler. Briefe, Aufsätze, Fragmente. Hg. von DOROTHY GARDINER und KATHRINE SORLEY WALKER. Deutsch von WILM W. ELWENSPOEK. Frankfurt a. M. – Berlin (Ullstein) 1965
Die simple Kunst des Mordes. Briefe, Essays, Notizen, eine Geschichte und ein Romanfragment. Hg. von DOROTHY GARDINER und KATHRINE SORLEY WALKER. Deutsch von HANS WOLLSCHLÄGER. Zürich (Diogenes) 1975
Englischer Sommer. Drei Geschichten und Parodien, Aufsätze, Skizzen und Notizen aus dem Nachlaß. [Enthält Auszüge aus den Notebooks.] Deutsch von WULF TEICHMANN und HANS WOLLSCHLÄGER. Zürich (Diogenes) 1980

IV. Filmographie (Die Jahresangaben bezeichnen das Jahr der Dreharbeiten des jeweiligen Films)

a) Drehbücher

Double Indemnity. Paramount 1943. Drehbuch von RAYMOND CHANDLER und BILLY WILDER nach dem Roman von James M. Cain. Regie: Billy Wilder

And Now Tomorrow. Paramount 1944. Drehbuch von Raymond Chandler und Frank Partos nach dem Roman von Rachel Field. Regie: Irving Pichel

The Unseen. Paramount 1944. Drehbuch von Raymond Chandler und Hagar Wilde nach «Her Heart in Her Throat» von Ethel Lina White. Regie: Lewis Allen

The Blue Dahlia. Paramount 1945. Originaldrehbuch von Raymond Chandler. Regie: George Marshall

Strangers on a Train. Warner Brothers 1950. Drehbuch von Raymond Chandler und Czenzi Ormonde nach dem Roman von Patricia Highsmith. Regie: Alfred Hitchcock

(The Innocent Mrs. Duff. Paramount 1946. Nach dem Roman von Elizabeth Sanxay Holding [Nicht realisiert])

(Playback. Universal 1947–1948. Nach einem Originalstoff Raymond Chandlers [Nicht realisiert])

b) Filme nach Chandlers Romanen

The Falcon Takes Over. RKO 1941. Drehbuch von Lynn Root und Frank Fenton nach Farewell, My Lovely. Regie: Irving Reis

Time to Kill. Twentieth Century-Fox 1942. Drehbuch von Clarence Upson Young nach The High Window. Regie: Herbert I. Leeds

Murder, My Sweet. RKO 1944. Drehbuch von John Paxton nach Farewell, My Lovely. Regie: Edward Dmytryk

The Big Sleep. Warner Brothers 1946. Drehbuch von William Faulkner, Leigh Brackett und Jules Furthman. Regie: Howard Hawks

The Lady in the Lake. MGM 1946. Drehbuch von Steve Fischer. Regie: Robert Montgomery

The Brasher Doubloon. Twentieth Century-Fox 1947. Drehbuch von Dorothy Hannah nach The High Window. Regie: John Brahm

Marlowe. MGM 1969. Drehbuch von Stirling Silliphant nach The Little Sister. Regie: Paul Bogart

The Long Goodbye. United Artists 1972. Drehbuch von Leigh Brackett. Regie: Robert Altman

Farewell, My Lovely. EK ITC 1975. Drehbuch von David Z. Goodman. Regie: Dick Richards

The Big Sleep. United Artists 1978. Drehbuch von Michael Winner. Regie: Michael Winner

V. Sekundärliteratur

Eine ausführliche Aufstellung der Sekundärliteratur bietet Renate Giudice (1979). Hier soll nur auf einige grundlegende sowie später erschienene Arbeiten verwiesen werden.

Becker, Jens-Peter: Sherlock Holmes & Co. Essays zur englischen und amerikanischen Detektivliteratur. München 1975

Burkhardt, Rainer: Die «hartgesottene» Amerikanische Detektivgeschichte und ihre gesellschaftliche Funktion. Frankfurt a. M. 1978

CLARK, AL: Raymond Chandler in Hollywood. London–New York 1982

DINGELDEY, ERIKA: Erkenntnis über Vergnügen? Vorwiegend didaktische Überlegungen zum Kriminalroman im Unterricht. In. Diskussion Deutsch, Heft 9,
1972, S. 266–274

DURHAM, PHILIP: Down These Mean Streets A Man Must Go. Raymond Chandler's Knight. Chapell Hill 1963

GIUDICE, RENATE: Darstellung und Funktion des Raumes im Romanwerk von
Raymond Chandler. Frankfurt a. M.–Bern–Cirencester/U. K. 1979

GROSS, MIRIAM (Hg.): The World of Raymond Chandler. London 1977

MACSHANE, FRANK: Raymond Chandler. Eine Biographie. Zürich 1984

MADDEN, DAVID (Hg.): Tough Guy Writers of the Thirties. Carbondale–Edwards-
ville 1968

MAUGHAM, SOMERSET: The Decline and Fall of the Detective Story. In: The Va-
grant Mood. Garden City, N. Y. 1953

NUSSER, PETER: Der Kriminalroman. Stuttgart 1980

SCHÜTZ, ERHARD (Hg.): Zur Aktualität des Kriminalromans. München 1978

SPEIR, JERRY: Raymond Chandler. New York 1981

SZOSTAK, JUTTA: Knallhart romantisch – dem Detektiv Philip Marlowe auf der
Spur. Fernsehfilm. ZDF 19. 10. 1987

VOGT, JOCHEN (Hg.): Der Kriminalroman. Zur Theorie und Geschichte einer Gattung. 2 Bde. München 1971

Namenregister

Die kursiv gesetzten Zahlen bezeichnen die Abbildungen

Über den Autor

Thomas Degering, geb. 1951, studierte Germanistik und Politologie in Marburg. Promotion 1982 im Fach Neuere deutsche Literatur. Er lebt als Rundfunkautor in Hamburg.

Veröffentlichungen: Das Verhältnis von Individuum und Gesellschaft in Fontanes «Effi Briest» und Flauberts «Madame Bovary», Bonn 1978; Das Elend der Entsagung: Goethes «Wilhelm Meisters Wanderjahre», Bonn 1982; Gustave Flaubert: Madame Bovary (Interpretation), München 1983; Wechselbeziehungen in der europäischen Literatur, München 1985.

Quellennachweis der Abbildungen

Raymond Chandler
im Diogenes Verlag

Die besten Detektivstories
Aus dem Amerikanischen von Hans Wollschläger. Diogenes Evergreens

Der große Schlaf
Roman. Aus dem Amerikanischen von
Gunar Ortlepp. detebe 20132

Die kleine Schwester
Roman. Deutsch von Walter E. Richartz
detebe 20206

Das hohe Fenster
Roman. Deutsch von Urs Widmer
detebe 20208

Der lange Abschied
Roman. Deutsch von Hans Wollschläger
detebe 20207

Die simple Kunst des Mordes
Briefe, Essays, Notizen. Herausgegeben von
Dorothy Gardiner und Kathrine Sorley
Walker. Deutsch von Hans Wollschläger
detebe 20209

Die Tote im See
Roman. Deutsch von Hellmuth Karasek
detebe 20311

Lebwohl, mein Liebling
Roman. Deutsch von Wulf Teichmann
detebe 20312

Playback
Roman. Deutsch von Wulf Teichmann
detebe 20313

Mord im Regen
Frühe Stories. Vorwort von Philip Durham.
Deutsch von Hans Wollschläger
detebe 20314

Erpresser schießen nicht
Gesammelte Detektivstories I. detebe 20751

Der König in Gelb
Gesammelte Detektivstories II. detebe 20752

Gefahr ist mein Geschäft
Gesammelte Detektivstories III. detebe 20753
Alle drei Bände deutsch von Hans Woll-
schläger

Englischer Sommer
Geschichten, Parodien, Sprüche, Essays. Mit
einem Vorwort von Patricia Highsmith,
Zeichnungen von Edward Gorey und einer
Erinnerung an den Drehbuchautor Chandler
von John Houseman. Deutsch von Hans
Wollschläger, Wulf Teichmann u.a.
detebe 20754

Meistererzählungen
Deutsch von Hans Wollschläger
detebe 21619

Außerdem liegt vor:

Frank MacShane
Raymond Chandler
Eine Biographie
Mit vielen Fotos. Deutsch von Christa Hotz,
Alfred Probst und Wulf Teichmann
detebe 20960

bildmono rororo graphien

C 2058/7 a

rowohlts bildmonographien

Thema Literatur

Adolf Stock
Heinar Kipphardt
(364)

Curt Hohoff
Heinrich von Kleist (1)

Paul Schick
Karl Kraus (111)

Erika Klüsener
Else Lasker-Schüler
(283)

Richard Aldington
David Herbert Lawrence (51)

Curt Hohoff
Jakob Michael Reinhold Lenz (259)

Wolfgang Drews
Gotthold Ephraim Lessing (75)

Wolfgang Promies
Georg Christoph Lichtenberg (90)

Sybil Gräfin Schönfelt
Astrid Lindgren (371)

Thomas Ayck
Jack London (244)

Heribert Hoven
Malcolm Lowry (414)

Klaus Schröter
Heinrich Mann (125)

Uwe Naumann
Klaus Mann (332)

Klaus Schröter
Thomas Mann (93)

David A. Jackson
Conrad Ferdinand Meyer (238)

Walter Schmiele
Henry Miller (61)

Hans Egon Holthusen
Eduard Mörike (175)

Friedrich Hartau
Molière (245)

Martin Beheim-Schwarzbach
Christian Morgenstern
(97)

Wilfried Berghahn
Robert Musil (81)

Donald E. Morton
Vladimir Nabokov (328)

Otto Basil
Johann Nestroy (132)

Gerhard Schulz
Novalis (154)

Karen Baasch/
Helmuth Nürnberger
Oswald von Wolkenstein (360)

Hanns-Josef Ortheil
Jean Paul (329)

Walter Lennig
Edgar Allen Poe (32)

Claude Mauriac
Marcel Proust (15)

Gudrun Ziegler
Alexander S. Puschkin
(279)

Hans Oppermann
Wilhelm Raabe (165)

Michael Töteberg
Fritz Reuter (271)

Hans Egon Holthusen
Rainer Maria Rilke (22)

bildmono rororo graphien

C 2058/7 b

Thema Literatur

rororo bildmono graphien

C 2058/7 c